NFT
투자의 정석

디지털 화폐 혁명과 메타버스가 만드는
────── 부의 대전환

NFT

Non-Fungible Token

투자의 정석

유민호, 임동민, 아곤, 한서희 지음

한스미디어

Non-Fungible Token

지금 디지털 자산 시대의 가장 뜨거운 존재감, NFT가 가져온 부의 패러다임 변화 그 한가운데에서

《NFT 투자의 정석》의 출간은 우연이자 필연적인 네트워크에서 비롯되었습니다. NFT 열기가 뜨거웠던 2021년 가을 즈음에 NFT 독서 모임을 가졌습니다. 당시 출간된 NFT 관련 서적을 텍스트로 스터디하는 모임에서 이 책의 공동 필진인 아곤 님과 유민호 이사님, 한서희 변호사님을 만났습니다.

아곤 님은 한국의 블록체인 성지인 논스의 시작 멤버로서 블록체인과 암호화폐 패러다임에 열성적이면서 독립적인 커뮤니티인 루디움 프로젝트에 열중하고 있었습니다. 유민호 이사님은 한국의 암호화폐 지갑 서비스를 제공하는 디센트를 창업하고 현재 최고전략책임자로 블록체인과 암호화폐 패러다임에 진심이었고, 블파스라는 자율적인 블록체인 스터디 그룹을 이끌고 있었습니다. 한서희 변호사님은 한국에서 블록체인과 암호화폐에 손꼽히는 전문 법률가이자 변호사로 가상자산 거래, ICO와 STO 프로젝트에 지속적인 자문을 지속해오고 있었습니다. 저는 증권시장의 변화와 흐름을 분석하는 애널리스트로서 2017년부터 블록체인과 암호자산이 새로운 산업과 기술, 금융에 영향을 끼칠 잠재성과 포용성에 지속적인 관심을 가져왔습니다.

2021년에 블록체인과 암호자산뿐만 아니라 실물경제와 금융시장에 가장 뜨거운 화두를 제시하고 현상을 빚어낸 NFT를 스터디하는 모임에서 이 세 분을 만나게 된 것은 우연이자 필연일 것입니다. 다만 NFT라는 매우 흥미로운 화두이자 현상이 한국의 독립적인 커뮤니티 빌더, 암호화폐 지갑 사업자, 블록체인 전문 변호사, 암호자산시장을 전통 금융시장만큼 진지하게 바라보는 애널리스트를 한군데 모이게 한 것은 분명합니다.

때마침 NFT 관련 출판 제의가 왔습니다. NFT라는 거대하고 광범위한 이 현상을 혼자 쓸 엄두가 도저히 나지 않았던 차에 함께 스터디를 해온 세 분에게 공동 집필을 제안하였습니다. 아곤 님, 유민호 이사님, 한서희 변호사님, 그리고 출판사도 한 치의 망설임 없이 동의했고, 이 책의 작업은 이렇게 시작되었습니다.

아곤 님은 NFT의 의미, 특히 커뮤니티의 가치에 대해 누구보다 친절하게 설명해줄 것입니다. 아곤 님은 독서광이자 리뷰·플레이 덕후입니다. 유민호 이사님은 NFT의 사용, 특히 표준화 움직임에 대해 누구보다 깊이 있게 설명해줄 것입니다. 유민호 이사님도 독서광이면서 리서치·암호자산 지갑 덕후입니다. 한서희 변호사님은 NFT 발행과 유통 시 따져봐야 할 문제를 누구보다 세심하게 설명해줄 것입니다. 한서희 변호사님은 기술광이자 창업광이며 투자 덕후입니다. 저는 NFT 시장과 투자에 대한 서사를 설명하는 데 주력할 것입니다. 저는 경제광이자 금융 및 미래 덕후라 생각합니다. 훌륭한 세 분과 공저하게 되어 영광이고, 시의적절한 시기에 출간을 제안해주고 좋은 책을 출간해준 출판사 분들께 감사드립니다.

이 책은 NFT에 대한 생각과 경험이라는 질문에서 출발한 책입니다. 독자들은 NFT 발행과 투자의 의미 및 주의할 점에 대한 답 또는 힌트를 얻을 수 있을 것입니다. 그 때문에 NFT 민팅과 프로젝트에 대한 펀딩, NFT 거래와 참여에 궁금증을 가진 독자들에게 적극적으로 추천할 수 있는 책이 될 것입니다. 특히 독립적인 콘텐츠 활동을 위한 자금 조달과 투자에 대한 니즈를 가진 분들에게 의미를 부여하고 실행하시는 데 도움이 될 것이라 확신합니다. 이 책을 통해 자신만의 고유한 꿈을 펼치고, 누군가의 대체 불가능한 계획에 투자해보시는 경험을 이루기를 소망합니다.

2022년 1월 임동민

CONTENTS

PART 1

NFT가 만드는 새로운 디지털 신세계:
NFT 월드에 입성한 초심자들을 위한 기초 개념과 투자 가이드
유민호 ｜ 디센트 블록체인 지갑 최고전략책임자

PART 2

투자 대상으로 NFT를 바라본다는 것:
전통 금융시장을 뒤흔들고 새로운 가치를 만들어내는 NFT의 잠재력 살펴보기

임동민 | 교보증권 이코노미스트

NFT가 만드는 새로운 디지털 신세계:

NFT 월드에 입성한 초심자들을 위한 기초 개념과 투자 가이드

유민호_디센트 블록체인 지갑 최고전략책임자

서울대학교 산업공학과를 졸업했으나 학과 공부보다는 새로운 기술을 분석하는 걸 더 좋아했다. 2004년부터 임베디드 보안 분야에서 개발자로 있었고, 2017년부터는 아이오트러스트를 공동 창업해 디센트 블록체인 지갑을 만들어 서비스하고 있다. 블록체인이 세상을 바꾸고 있다는 것을 믿고 있고, 빠르게 변화하는 블록체인 분야에서 같이 공부하고 나누기 위해 '블파스(블록체인 파헤치는 스터디)'를 운영 중이다.

전 세계를 매혹한 NFT, 도대체 뭐길래

NFT란 무엇인가?

NFT 투자를 시작하기에 앞서 먼저 NFT란 무엇인가에 대해 알아야겠죠. 그럼 NFT는 도대체 무엇일까요? NFT가 기술적인 용어이기 때문에 이해하기가 쉽진 않습니다. 그래도 개념을 이해하는 것이 아주 중요합니다. 일단 NFT라는 단어가 어떤 의미인지 먼저 살펴보죠. NFT는 논-펀지블 토큰Non-Fungible Token의 약자입니다. 익숙하지 않은 영어 단어도 섞여 있는 것 같네요. 단어만 봐서는 좀 어렵죠? 뒤에 나오는 단어부터 하나씩 살펴봅시다.

먼저 가장 마지막 단어인 토큰Token이란 무엇인지 알아보겠습니다. 일상적으로 쓰는 용어는 아니죠. 토큰은 어떤 권한을 가진 징표를 이야기합니다. 예를 들어 비행기 티켓도 일종의 토큰이라고 볼 수 있어요. 비행기 티켓은 비행기를 탈 수 있는 권한을 가진 징표인 셈입니다. 같은 의미로 우리가 사용하는 현금인 동전이나 지폐도 토큰입니다. 1만 원짜리 지폐는 1만 원의 가치를 지닌 다른 물건 혹은 서비스와 교환할 수 있는 권한을 가진 징표이죠.

토큰은 크게 두 가지의 특징을 가지고 있습니다. 첫 번째, 토큰은 그 종류에 따라 사용할 수 있는 곳이 정해져 있습니다. 비행기 티켓이라면 티켓을 발행한 항공사의 비행기를 타는 데만 사용할 수 있습니다. 마찬가지로 1만 원짜리 지폐는 보통 우리나라에서만 사용할 수 있습니다. 두 번째로 토큰은 다른 토큰과 거래가 가능합니다. 현금을 이용해서 비행기 티켓을 사는 행위를 토큰 간의 거래가 이루어진다는 예로 보면 되겠죠.

토큰은 다양한 형태로 존재할 수 있습니다. 동전이나 지폐처럼 물리적인 형태로 존재할 수도 있고요. 아니면 기프티콘과 같이 디지털의 형태로도 가능합니다. 우리가 흔히 말하는 암호화폐도 토큰입니다. 블록체인에서 발행돼서 사용할 수 있는 토큰인 것이죠. 블록체인 세계에서도 마찬가지로 토큰은 다른 토큰과 거래가

NFT 투자의 정석

가능합니다. 블록체인에서 토큰은 크게 두 종류로 나눌 수 있습니다. 바로 '펀지블 토큰'과 '논-펀지블 토큰'입니다. NFT의 개념을 살펴보면서 둘의 차이점을 이해해보도록 하겠습니다.

토큰이 무엇인지에 대한 감이 잡혔다면, 그다음은 펀지블fungible이란 단어를 살펴볼까요? 펀지블이란 단어는 '대체 가능함'을 의미합니다. 무엇과 대체할 수 있다는 뜻일까요? '같은 종류'의 토큰끼리 대체가 가능하다는 뜻입니다.

조금 더 이해하기 쉽게 예를 들어보겠습니다. 저에게 1000원짜리 지폐 10장이 있다고 합시다. 편의상 1번 지폐부터 10번 지폐까지 있다고 해볼게요. 사실 우리가 지폐에 번호를 매겨서 사용하는 일은 거의 없습니다. 아무튼 1000원 지폐 10장을 들고 집 앞에 있는 편의점에 갔습니다. 어젯밤에 잠을 잘 못 자서 캔커피 하나를 사려고 합니다. 가격이 1000원이네요. 여기서 제가 1번 1000원짜리 지폐를 내든, 7번 지폐를 내든 아무런 상관이 없습니다. 1000원짜리 지폐끼리는 모두 가치와 기능이 동일하기 때문이죠. 우리가 굳이 지폐에 번호를 매겨가면서 보관하지 않는 이유이기도 합니다. 사실 자세히 들여다보면서 지폐의 일련번호를 확인해보지 않으면, 1번 지폐인지 7번 지폐인지 구별도 되지 않습니다. 이렇게 하나의 1000원짜리 지폐는 다른 1000원짜리 지폐와 서로 대체가 가능합니다. 앞서 동전이나 지폐도 일종의 토큰이라 볼 수 있다고 말씀드렸죠. 같은 종류의 토큰인 1000원짜리 지폐끼리는 서로 대체가 가능한 것입니다.

이런 특징을 가진 토큰을 펀지블 토큰이라고 합니다. 기능과 가치가 같아서 서로 바꿔도 아무런 영향이 없는 토큰입니다. 앞의 예시에서 알 수 있는 것처럼, 우리가 사용하는 지폐나 동전 등은 모두 펀지블 토큰의 특징을 가지고 있어요. 펀지블 토큰이란 단어는 일상에서 많이 쓰는 단어는 아니지만 블록체인 세상에서는 많이 쓰이는 단어입니다. 비트코인BTC이나 이더리움ETH 등 암호화폐에 투자할 때 가장 먼저 듣게 되는 단어들이기도 합니다. '코인'이라고 부르기도 하죠. 암호화폐가 블록체인에서 이야기하는 펀지블 토큰의 대표적인 예라고 볼 수 있습니다. 동전도 펀지블 토큰이라 볼 수 있다고 말씀드렸습니다. 암호화폐를 코인이라고 부르는 것과 연결해보면 좀 더 쉽게 이해하실 수 있을 것입니다.

대체 불가능한 토큰의 탄생

그렇다면 논-펀지블Non-fungible이란 건 무엇을 말할까요? 바로 대체가 불가능하다는 뜻입니다. 무엇과 대체가 불가능한지 감이 오시나요? 역시 같은 종류의 토큰끼리 대체가 불가능하다는 뜻입니다. 이번엔 다른 토큰을 예로 들어보겠습니다. 고마운 사람들에게 선물을 하려고 영화 티켓을 10장 구매했다고 해볼까요? 각 티켓마다 볼 수 있는 영화 종류도 다르고, 영화 상영 시간도 다르며, 티켓에 지정된 좌석 번호도 다를 터입니다. 1번 영화 티켓을 가지고 볼 수 있는 영화와 좌석 번호는 2번 티켓을 들고 볼 수 있는 영화 및 좌석 번호와 다를 겁니다. 그래서 1번 영화 티켓과 2번 영화 티켓은 서로 대체가 가능하지 않습니다. 1000원짜리 지폐 두 장이 서로 대체될 수 있던 것과는 다른 특징이 있죠. 논−펀지블이란 이렇게 대체가 불가능하다는 것을 뜻합니다.

이제 논−펀지블 토큰, 즉 NFT가 무엇인지 감이 잡히시죠? NFT는 어떤 권한을 가진 징표인데, 각 NFT별로 고유한 속성을 가지고 있어서 다른 NFT와 구별되는 특징을 갖는 토큰을 이야기합니다. 펀지블 토큰이 가치만 가지고 있다면, NFT는 가치와 함께 각 NFT마다 고유의 속성을 가지고 있다는 특징이 있습니

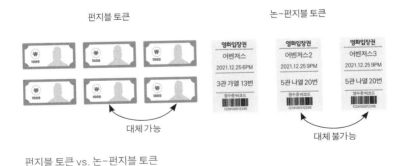

펀지블 토큰 vs. 논−펀지블 토큰

다. 1만 원짜리 지폐에는 '1만 원'이라는 가치만 중요하지만, 영화 티켓에는 영화 티켓의 가격 이외에도 영화 이름, 상영 날짜, 좌석 번호 등의 속성을 가지고 있죠.

보통 NFT를 '대체 불가능한 토큰'이라고 번역해서 이야기합니다. 이때 '대체 불가능'이라는 단어가 주는 의미 때문에 디지털 이미지의 원본이라고 해석되는 경우가 많습니다. 하지만 NFT의 '대체 불가능'은 논-펀지블을 번역한 것이기 때문에 원본의 의미보다는 다른 토큰으로 대체가 안 된다는 뜻으로 이해하는 것이 더 정확합니다.

그렇다면 NFT는 디지털 원본으로서의 의미가 전혀 없는 걸까요? 그렇지는 않습니다. 블록체인상에 발행된 모든 토큰은 발행한 이력과 거래 내역이 공개되어 있습니다. 누구나 공개되어 있는 정보를 볼 수 있죠. NFT에는 발행하면서 생기는 고유번호가 존재합니다. 좀 더 정확하게는 NFT의 스마트 컨트랙트 주소와 토큰 일련번호ID가 고유번호의 역할을 해요. 만약 원작자가 자신이 발행한 NFT의 고유번호를 공개한다면, 그 정보를 가지고 NFT를 디지털 원본으로 활용할 수 있습니다.

디지털 파일은 원래 원본과 복제본의 구별이 불가능하죠. 하지만 디지털 파일을 NFT로 발행하면, 고유번호가 생기면서 복제한 디지털 파일과 구별이 가능해집니다. 이런 특징을 이용해서

NFT 투자의 정석

디지털 원본으로 활용할 수 있게 되는 것입니다. NFT의 스마트 컨트랙트 주소와 토큰 일련번호에 대해서는 뒤에서 좀 더 자세히 설명하도록 하고요. 지금은 NFT를 발행하면 고유번호가 생긴다는 것과 그 고유번호를 알고 있으면 누구나 발행 및 거래 내역을 조회할 수 있다는 정도로만 이해해놓으시면 충분합니다.

NFT로 무엇을 할 수 있을까?

NFT가 무엇인지 이해가 되셨다면 이제 NFT로 무엇을 할 수 있는지 알아보겠습니다. 아마도 많은 분이 NFT는 디지털 이미지나 영상의 원본을 증명하는 데 사용한다는 정도로만 알고 계실 것 같습니다. 하지만 사실 NFT를 이용해서 할 수 있는 것들은 단순한 디지털 원본으로서의 역할 이상입니다. NFT로 할 수 있는 일들의 가능성을 먼저 이해해야 NFT에 대해 좀 더 정확하게 접근할 수 있겠죠. 먼저 NFT의 내부 구조를 살짝 들여다본 후, NFT가 어디에 활용될 수 있는지 살펴보도록 하겠습니다.

NFT가 작동하는 구조
NFT의 구조를 알아보려면 펀지블 토큰이 어떻게 동작하는지를 먼저 이해하면 좋습니다. 펀지블 토큰은 크게 두 종류로 나누어지는데, '네이티브 토큰'과 '스마트 컨트랙트 토큰'으로 나눌 수 있습니다. 네이티브 토큰은 블록체인 메인넷에 내장되어 있는 토큰이에요. 스마트 컨트랙트 토큰은 블록체인 메인넷 위에 스마트 컨트랙트 형태로 추가되는 토큰입니다.

비유를 들어 설명해보겠습니다. 블록체인 메인넷은 하나의 거대한 컴퓨터라고 볼 수 있습니다. 모든 사람이 같이 쓰는 컴퓨터라고 볼 수 있어요. 컴퓨터를 동작시키려면 운영체제Operating System: OS라는 소프트웨어가 필요합니다. 우리에게 익숙한 안드로이드, iOS, 윈도우즈 같은 소프트웨어를 운영체제라고 부릅니다. 컴퓨터를 동작시키기 위한 기본 소프트웨어인 것이죠. 블록체인 메인넷이라는 건 일종의 운영체제라고 볼 수 있습니다.

운영체제에는 기본적으로 설치되어 있는 프로그램들이 있어요. 예를 들면 안드로이드 스마트폰이나 아이폰을 구매하면 전화 프로그램이나 문자 프로그램은 이미 설치되어 있죠. 전화나 문자 프로그램은 운영체제에 내장되어 있는 프로그램이라고 볼 수 있습니다. 이런 내장 프로그램과 마찬가지로 블록체인 메인넷에도 내장되어 있는 토큰이 있습니다. 비트코인의 블록체인 메인넷에는 비트코인BTC이라는 토큰이 내장되어 있고요. 이더리움 메인넷에는 이더ETH라는 토큰이 내장되어 있습니다. 이렇게 블록체인 메인넷에 기본적으로 내장되어 있는 토큰을 네이티브 토큰이라고 부릅니다.

안드로이드, iOS, 윈도우즈와 같은 운영체제에 우리는 '앱'이라는 추가 프로그램을 설치할 수 있습니다. 다양한 앱을 설치하고 사용하면서 스마트폰을 더 다양한 목적으로 활용할 수 있게 되는데, 블록체인 메인넷에도 기본 내장된 네이티브 토큰 이외에 다른 토큰을 설치해서 사용할 수 있습니다. 다만 한 가지 스마트폰과 다른 점이 있어요. 스마트폰의 앱은 스마트폰 사용자인 우리가 직접 원하는 것만 골라서 설치할 수 있지만, 블록체인은 다른 사람이 같이 사용할 수 있는 컴퓨터이기 때문에 좀 다릅니다. 그래서 (아마도) 개발자가 만들어서 블록체인 메인넷에 토큰을 한 번 설치해놓으면 다른 사람들은 설치되어 있는 토큰을 이용할 수 있게 됩니다.

이렇게 추가로 설치되는 토큰은 스마트 컨트랙트라는 형태로 개발되고 설치됩니다. 스마트 컨트랙트로 토큰 기능만 만들 수 있는 것은 아니에요. 사실 토큰은 스마트 컨트랙트가 할 수 있는 일의 아주 작은 부분이라고 볼 수 있습니다. 스마트 컨트랙트라는 용어를 이해하는 것이 중요한데요. 아직은 초반부이니 이 정도로만 설명하고, 스마트 컨트랙트에 대해서는 뒤에서 좀 더 살펴보기로 하겠습니다. 지금은 펀지블 토큰은 스마트 컨트랙트로

운영체제 & 앱 vs. 블록체인 메인넷 & 스마트 컨트랙트

만들어진다는 것과 스마트 컨트랙트는 블록체인 메인넷에서 동작하는 프로그램이라는 정도로만 이해하시면 충분합니다.

스마트 컨트랙트와 메타데이터: NFT를 구성하는 두 요소

펀지블 토큰은 스마트 컨트랙트로 만들어진다고 말씀드렸습니다. NFT는 스마트 컨트랙트로만 만들어진 펀지블 토큰과 약간의 차이점이 있습니다. 이제 NFT가 어떻게 구성되는지 알아보죠.

NFT는 크게 두 부분으로 구성됩니다. 하나는 스마트 컨트랙트이고 다른 하나는 메타데이터*예요. 둘 다 익숙하지 않은 단어이긴 하지만 하나씩 살펴보겠습니다. 스마트 컨트랙트는 블록체인 메인넷 위에서 동작하는 프로그램이라고 말씀드렸죠. NFT는 블록체인 위에 저장되

메타데이터Metadata

해당 데이터의 속성 정보를 담고 있는 구조화된 데이터.

NFT 투자의 정석

는 데이터와 블록체인 위에 있지 않아도 되는 데이터로 나누어집니다. 블록체인 위에 저장되는 데이터를 온체인 데이터라고 부르고, 블록체인 위에 저장되지 않은 데이터를 오프체인 데이터라고 부릅니다. 우리가 온라인, 오프라인을 구별하는 것처럼 데이터가 블록체인 위에 있는지 여부에 따라 온체인, 오프체인으로 나누는 겁니다. NFT 데이터 중 온체인에 있어야 하는 데이터가 스마트 컨트랙트에 저장되고 처리됩니다.

메타데이터는 꼭 온체인에 있어야 하는 데이터는 아닙니다. 즉 온체인 데이터여도 되고 오프체인 데이터여도 됩니다. 보통 블록체인 위에 데이터를 저장하려면 비용이 많이 듭니다. 블록체인을 유지하기 위한 네트워크 수수료 때문인데요. 블록체인에 데이터를 저장하고 수정할 때마다 비용이 발생합니다. 네트워크 수수료는 NFT 투자를 직접 진행할 때도 꼭 이해해야 하는 개념이니 뒤에서 좀 더 자세히 설명하겠습니다.

아무튼 네트워크 수수료 때문에 아직까지는 메타데이터를 오프체인으로 많이 저장하고 있습니다. NFT 기술과 시장이 좀 더 성숙하게 되면 메타데이터도 온체인에 저장하는 경우가 더 많아질 전망입니다. 아직은 메타데이터를 저장하기에 적합한 블록체인 메인넷이 출현하지 않았기 때문인데요. 대신 IPFS와 같은 분산 스토리지에 메타데이터를 저장하는 경우가 많습니다. 분산

스토리지는 블록체인은 아니지만, 데이터를 중앙화된 하나의 서버에 저장하는 것이 아니라 여러 서버에 나누어 저장할 수 있는 시스템입니다. 온체인에 저장하기에는 비용의 문제가 존재하고, 중앙화된 서버에 저장하기에는 해킹 등의 위험이 따르기 때문에 그 절충안을 선택한 것이라고 생각하시면 됩니다.

펀지블 토큰에는 별도의 속성이 따로 존재하지 않습니다. 그 때문에 스마트 컨트랙트만으로 만드는 것이 가능합니다. 하지만 NFT에는 NFT 각각의 속성이 있습니다. 디지털 이미지를 이용해 NFT를 발행한다고 했을 때, 발행하는 데 사용한 디지털 이미지가 NFT의 속성이 됩니다. 물론 NFT 속성에는 디지털 이미지만 있는 것은 아닙니다. NFT의 이름이나 발행 날짜, NFT에 대한 설명 등도 NFT의 속성이 될 수 있습니다. 즉 NFT는 여러 가지 종류의 속성 정보를 포함하고 있습니다. 이러한 속성을 NFT의 메타데이터라고 부릅니다.

FT = 스마트 컨트랙트

NFT = 스마트 컨트랙트 + 메타데이터
　　　　　　　　NFT가 따라야 하는 규칙을 프로그래밍　　　　　　NFT의 속성

NFT의 구성: 스마트컨트랙트 + 메타데이터

NFT는 각기 다른 '속성'을 가지고 있다

NFT는 속성을 가지고 있다고 말씀드렸죠. 그리고 NFT가 가지고 있는 속성을 메타데이터라고 부른다는 것도 말씀드렸습니다. NFT에 포함되는 속성은 NFT마다 달라집니다. 예를 들어 영화 티켓을 NFT로 만들어서 서비스한다고 해볼까요? 영화 티켓이라면 영화 제목, 극장, 상영 시간, 좌석 번호 등이 영화 티켓이 가지고 있는 속성이 됩니다. 비행기 티켓이라면 항공사, 항공편, 날짜, 탑승 시간, 좌석 번호 등이 비행기 티켓의 속성이 되겠죠. 게임 아이템을 NFT로 만들었다면 아이템의 이미지, 아이템의 능력치 등이 게임 아이템 NFT의 메타데이터로 들어가게 될 것입니다.

NFT의 메타데이터에는 어떤 것이라도 담을 수 있습니다. 메타데이터에 어떤 속성을 담느냐에 따라 다양한 것들을 NFT로 발행할 수 있겠죠. 아직은 NFT가 초기 단계이기 때문에 NFT 메타데이터에 대한 표준이 명확하게 정의되지는 않았습니다. 반대로 이야기하면 그만큼 자유롭게 메타데이터에 속성을 담을 수 있다는 뜻이죠. 하지만 기본적으로 거의 모든 NFT에 포함되어 있는 메타데이터도 있습니다. 그럼 NFT의 기본 메타데이터는 무엇이 있는지 살펴보도록 하겠습니다.

가장 기본적인 메타데이터는 '제목'입니다. 말 그대로 NFT의 이름이에요. 다음에 들어 있는 것은 '설명'입니다. NFT에 대한 간단한 설명이죠. 만약 디지털 아트를 NFT로 만들었다면, 해당 작품에 대한 작품 설명이 들어갈 수도 있을 테고요. 게임 아이템이라면 그 게임 아이템에 대한 설명이 들어 있을 겁니다. 그다음은 실제 콘텐츠, 즉 이미지나 영상 혹은 음원 같은 것들이 메타데이터에 포함됩니다.

우리가 NFT와 관련된 뉴스나 설명을 접할 때, 보통 디지털 아트가 주제로 나오는 경우가 많습니다. 즉 디지털 이미지나 영상이 NFT로 발행되는 케이스를 많이 접하게 되죠. 그래서 얼핏 보면 디지털 이미지나 영상이 곧 NFT가 된다고 이해하시는 분들이 많습니다. 사실 디지털 이미지나 영상은 NFT의 주요 속성 중 하나일 뿐입니다. 물론 가장 중요한 메타데이터 중 하나인 것은 맞지만, 디지털 이미지가 곧 NFT가 되는 것은 아닙니다.

위에서 말씀드린 것처럼 '제목', '설명', '콘텐츠'가 가장 기본적이면서 필수적인 메타데이터입니다. 메타데이터에는 기본 메타데이터 이외에 추가적인 정보도 포함될 수 있습니다. 예를 들어 게임 아이템 NFT라면 아이템의 능력치에 대한 정보가 메타데이터에 포함될 수 있겠죠. 학생증을 NFT로 만든다면 이름, 학교명, 학번 등이 메타데이터에 포함될 테고요.

아마도 눈치채셨겠지만, NFT의 메타데이터에는 다양한 정보를 담을 수 있기 때문에 어떤 속성을 메타데이터로 담느냐에 따라서 NFT를 만들 수 있습니다. 디지털 아트 이미지나 영상, 게임 아이템과 같은 디지털 자산에서부터, 영화 티켓이나 증명서 같은 것들도 NFT로 나타내는 것이 가능해집니다. 또한, 부동산 건물이나 명품 시계 같은 것들도 NFT로 만들어 거래하려는 시도들이 있습니다. 그래서 NFT를 볼 때에는 NFT의 메타데이터에 어떤 정보들이 담겨 있는지 살펴보는 것이 중요합니다.

이론상으로는 NFT를 이용하면 모든 종류의 자산을 토큰화할 수 있습니다. 이런 이유로 인터넷이 많은 정보를 오프라인에서 온라인으로 옮겨오는 시대를 만들었다는 것과 비교하기도 합니다. 블록체인과 NFT를 이용하면 많은 종류의 자산을 온체인으로 옮겨오고 토큰화할 수 있다는 것이죠. 인터넷이 정보의 혁명을 이끌었다면, 블록체인과 NFT는 자산의 혁명을 이끌 것이라는 주장입니다. 물론 현재 시점에서 모든 자산을 NFT로 만들 수는 없습니다. 블록체인 기술도 좀 더 발전이 필요할 테고요. 정책이나 법률과 같은 이슈도 정리되어야 합니다. 기술과 정책 등이 어떻게 변화되는지를 주목해보는 것이 중요한 이유입니다.

메타버스로 나아가는 세상과 NFT

세상은 메타버스로 확장되는 중!

다양한 매체와 뉴스에서 '메타버스'에 대한 이야기를 많이 하고 있습니다. 그런데 아직 메타버스에 대해 정확히 정의되지는 않은 것 같습니다. 그래도 큰 흐름에서는 메타버스를 이해해볼 수 있을 것 같습니다.

단어의 기원부터 살펴보면, 메타버스는 '메타Meta'와 '유니버스Universe'의 합성어입니다. 메타는 '초월하는'이라는 뜻을 가지고 있고요. 유니버스는 우주입니다. 말 그대로 해석하면 현실 세계인 우주를 초월한 우주, 가상 공간에 확장된 우주를 뜻합니다. 기존에 가상 현실이라 불리던 개념의 확장 버전이라고 보시면 됩니다.

기술이 발전하고 사람들이 온라인에서 활동하는 시간이 길어짐에 따라, 온라인을 기반으로 새로운 세계로 확장하려는 다양한 시도들이 시작되고 있습니다. 페이스북은 2021년 10월 회사 이름을 메타Meta로 변경하면서 본격적으로 메타버스 구축에 뛰어들겠다는 의지를 보여주고 있습니다. 국내의 카카오, 네이버와 같은 대형 인터넷 기업들도 자신들만의 메타버스 구축에 대한 로드맵을 제시하고 있는 상황입니다.

2020년 전 세계적으로 시작된 팬데믹 사태로 많은 것이 변했습니다. 우리는 이제 밖을 나서면서 마스크를 챙겨가는 걸 당연하게 생각하게 되었죠. 사무실이 아닌 집에서 일하는 문화도 많이 확산됐습니다. 사회적 거리두기 등의 영향으로 사람들과 직접 대면할 기회도 많이 줄어들었어요. 대신 집에서 활동하는 시간이 이전에 비해 많아졌죠. 사람들이 집에서 보내는 시간이 많아지면서, 또 다른 세계의 메타버스로 세상을 확장하려는 움직임이 빨라지고 있습니다. 물리적인 세계에서의 단절이 심화되는 대신에 새로운 연결을 위한 세상이 펼쳐지고 있는 겁니다. 실제 세상에서는 우리 모두가 마스크를 끼고 있지만 마스크 없이 활동할 수 있는 공간이 만들어지고 있습니다. 그런 와중에 페이스북과 같은 대기업들이 메타버스 구축에 뛰어들면서 메타버스에 대한 관심이 최근 더 뜨거워지게 된 것이죠.

사실 용어가 새로울 뿐이지, 메타버스라는 건 우리에게 익숙한 개념입니다. 이미 우리는 많은 시간을 온라인에서 보내기 때문이죠. 인터넷 초창기에 나왔던 싸이월드 기억하시나요? 싸이월드도 넓게 보면 메타버스라고 볼 수 있어요. 게임도 조금 넓게 해석하면 일종의 메타버스로 볼 수 있습니다. 아직 메타버스에 대한 정확한 개념이 정립된 것은 아니지만, 요새 이야기되는 메타버스는 좀 더 커다란 세계관을 가지고 있습니다. 일상생활을 하는 것과 같은 기능을 메타버스 세계에서도 가능하게 하는 것이 최종 목표라고 볼 수 있어요. 메타버스 세계가 행복한 세상을 만들게 될지는 아직 알 수 없지만, 거대한 흐름이 메타버스로 확장되고 있다는 점은 확실한 것 같습니다.

메타버스 완성의 마지막 퍼즐: 블록체인 그리고 NFT

왜 NFT 이야기를 하다가 갑자기 메타버스 이야기를 하는 걸까요? 진짜 메타버스의 완성은 NFT 및 블록체인 기술과 결합되면서 이루어질 것이기 때문입니다. 메타버스는 결국 모든 것이

NFT 투자의 정석

NFT로 이루어지는 세계가 되는 것이죠.

메타버스와 NFT가 밀접한 연관을 가지고 있다고 생각하는 사람이 많은 것 같아요. 앞서 페이스북이 사명을 메타로 변경하면서 메타버스에 집중하겠다고 발표했다는 소식을 전해드렸죠. 그

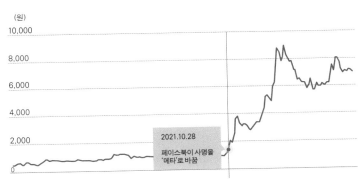

메타 발표 이후 NFT 관련 암호화폐 가격 변화: 더샌드박스의 SAND

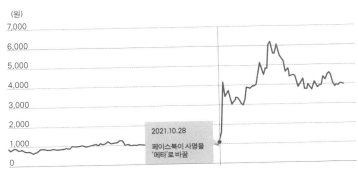

메타 발표 이후 NFT 관련 암호화폐 가격 변화: 디센트럴랜드의 MANA

소식이 언론을 통해 알려진 이후로 NFT에 대한 관심이 폭발적으로 증가했습니다. 그리고 NFT를 주요 주제로 다루고 있는 많은 블록체인 프로젝트들의 암호화폐 가격이 폭등했죠. NFT와 관련된 암호화폐에 투자하는 것과 관련한 내용은 뒤에 조금 더 자세히 다뤄보도록 하고, 여기서는 메타버스와 NFT의 관계에 대해 알아보도록 하겠습니다.

메타버스는 또 다른 세계라고 볼 수 있어요. 메타버스를 구축하고 있는 프로젝트들은 다양합니다. 각 프로젝트별로 독립된 세계를 구축하고 있죠. 어떤 프로젝트는 NFT를 처음부터 도입하기도 하고요. NFT와 블록체인을 아직 도입하지 않은 프로젝트도 여전히 존재합니다. 하지만 결국 트렌드는 NFT를 도입하는 방향으로 진입하고 있습니다. 그 이유를 하나씩 살펴보죠.

NFT는 메타버스 속 경제활동 도구

메타버스에서도 경제활동이 필요한데, 경제활동을 가능하게 하는 도구가 블록체인 기반의 암호화폐와 NFT라고 볼 수 있습니다. 암호화폐는 결제 수단으로서 기능하게 되고, NFT는 소비재로서 기능할 수 있죠.

한발 더 나아가서 NFT를 활용하는 메타버스의 모습을 하나씩 살펴볼게요. 현실 세계에서와 마찬가지로 메타버스 세계에서도 가장 기본이 되는 건 '나'를 표현하기 위한 매개체예요. 좀 더 쉬운 용어로 말해보면 메타버스에서 나를 나타내는 아바타가 있어야겠죠. 일단 이러한 아바타부터 NFT로 나타낼 수 있습니다. NFT는 결국 누군가 소유하고 있는데, 내가 소유하고 있는 NFT를 나의 아바타로 사용할 수 있는 것이죠. 그래서 내 아바타를 위한 NFT 프로젝트들도 굉장히 활발하게 발전하고 있습니다. NFT를 아바타로 사용하면 내 것임을 증명하는 게 가능해집니다. NFT는 결국 내 지갑 주소에 존재하는데, 지갑 주소의 소유자임을 증명하기만 하면 내 아바타의 소유권이 증명되는 것입니다. 좀 더 나아가면 아바타도 입고 다닐 옷과 액세서리가 필요할 텐데요. 그런 모든 것들을 가능하게 하는 것이 NFT입니다. 앞서 NFT는 모든 종류의 자산을 토큰화하는 것이 가능하다고 말씀드린 것과 연관되는 이야기죠.

메타버스는 새로운 세계라고 말씀드렸습니다. 그 안에서도 경제활동이 필요해집니다. 땅을 살 수도 있고, 서비스를 이용할 수도 있어요. 메타버스 안에서 거래되는 물건들을 나타내기에 가장 좋은 수단이 NFT가 될 전망입니다. NFT의 거래는 기본적으로 암호화폐를 가지고 하기 때문에, 그리고 그런 경제활동에 사용할 수 있는 화폐는 암호화폐로 이용하면 되겠지요.

NFT를 활용해서 메타버스를 구축하는 사례를 간단히 살펴볼게요. 블록체인 분야의 다양한 회사들이 메타버스를 구축하고 있습니다. 유명한 프로젝트들은 더샌드박스, 디센트럴랜드, 크립토복셀 등이 있습니다.

더샌드박스를 예로 들어보겠습니다. 메타버스 안에서 땅도 NFT이고, 건물도 NFT입니다. 더샌드박스 안에서 돌아다니는 캐릭터(아바타죠)들도 역시 NFT로 이루어져 있고요. 캐릭터가 입고 있는 옷이나 신고 있는 신발도 역시 NFT입니다. NFT로 이루어진 세상인 것이죠. NFT로 이루어져 있기 때문에 더샌드박스의 메타버스 안에서든 밖에서든 암호화폐를 이용해서 땅이나 건물을 사고팔 수 있습니다.

메타버스를 구축하려는 프로젝트가 계속 출현하고 있습니다. 메타버스는 하나의 세계만 존재하는 것은 아닙니다. 프로젝트마다 각자의 세계를 구축하고 있어요. 그런데 NFT는 블록체인 위에 존재하기 때문에 하나의 NFT를 가지고 여러 메타버스에서 같이 사용할 수 있게 됩니다. 물론 지금은 아직 초기이기 때문에 그런 시도가 이루어지고 있지는 않지만, 결국 NFT의 특성을 활용해 하나의 NFT를 여러 메타버스에서 활용할 수 있는 방향으로 나아가게 될 겁니다. 예를 들면 더샌드박스에서 입던 캐릭터의 옷을 그대로 디센트럴랜드에서 입을 수 있게 되는 것이죠. 디센트럴랜드에서 옷을 새로 사면, 더샌드박스에서도 같은 옷을 소유하게 될 테고요.

아직은 모든 메타버스를 표방하는 프로젝트가 모두 블록체인이나 NFT를 이용하고 있는 것은 아닙니다. 메타버스와 NFT 모두 지금은 시작 단계일 뿐이에요. 하지만 결국 제대로 된 세계를 구축하려면 블록체인 기술과 접목해 NFT를 도입하게 될 것으로 보입니다. 우리가 NFT에 관심을 가져야 하는 또 다른 이유입니다.

NFT 시장 규모 살펴보기

블록체인 분야에서 2020년이 디파이DeFi라 불리는 탈중앙화 금융의 한 해였다면, 2021년은 NFT의 한 해였다고 볼 수 있습니다. NFT라는 개념이 나오고 그와 관련한 서비스 및 게임이 출현한 건 2017년이지만, NFT가 제대로 빛을 발휘한 건 2021년입니다. 특히 2021년 여름 이후에 NFT에 대한 관심이 급증하고 있어요. 이번에는 NFT 시장의 발전 현황과 시장 규모에 대해 간단하게 살펴보도록 하겠습니다.

더블록크립토의 기사에서 참조한 더 블록 리서치의 자료에 따르면 2021년에 거래된 NFT는 총 130억 달러 정도 된다고 합니다. 원화로 계산하면 13조 원이 넘는 금액입니다. 조사에 포함된 NFT는 이더리움 메인넷의 몇몇 마켓플레이스 거래량만 측정하고 있기 때문에 각 프로젝트 사이트에서 판매된 NFT나, 다른 메인넷의 NFT 거래량까지 포함하면 훨씬 더 많은 금액이 거래되었을 것으로 추정됩니다. 다음 그래프를 보면 거래량의 대부분이 2021년 8월부터 시작된 것을 확인할 수 있습니다.

그럼 얼마나 많은 개수의 NFT가 거래되고 있을까요? 이더리움 생태계에 필요한 다양한 프로그램을 만들고 있는 컨센서스의 보고서에 따르면, 하루에 거래되는 NFT의 양은 60만 개를 넘어섰다고 합니다. 매주 10만 명이 넘는 사람들이 NFT를 거래하고 있다고 하고요.

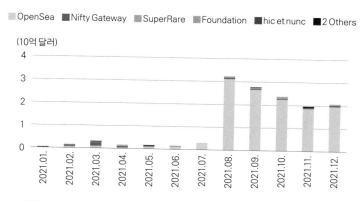

NFT 거래량(자료: CSYPTOART, DAPPRADAR)

NFT 투자의 정석

2021년 3분기 NFT 거래 수(자료: Nonfungible.com)

위에 말씀드린 통계자료들은 대부분 이더리움 메인넷의 NFT 시장 규모를 나타내고 있습니다. 사실 NFT를 지원하는 블록체인 메인넷들은 많이 있습니다. 가장 대표적인 이더리움을 비롯해 아발란체, 솔라나, 스택스, 클레이튼, 플로우, 테조스 등 주요 메인넷들은 모두 NFT를 지원하고 있습니다. 아직은 이더리움 메인넷 기반의 NFT 생태계만 활발하게 만들어지고 있는 상황이긴 합니다. 이더리움 메인넷의 NFT 생태계 구축에 대한 경험을 바탕으로 이더리움 이외의 메인넷들도 생태계를 만들기 위해 움직이고 있습니다. 2022년에는 다양한 블록체인 메인넷에서 NFT 생태계가 만들어지면서 본격적인 메인넷 플랫폼 전쟁이 시작될지도 모르겠습니다.

NFT와
메인넷 생태계

NFT 투자에 앞서 먼저 기본적인 내용을 숙지해야 하는데요. 그렇지 않으면 계속 헤매게 될 가능성이 높기 때문입니다. 가장 먼저 이해해야 할 것은 메인넷 생태계입니다. 앞서 NFT는 스마트 컨트랙트와 메타데이터로 이루어져 있다고 말씀드렸죠. 그리고 스마트 컨트랙트는 온체인 데이터를 처리합니다. 스마트 컨트랙트는 블록체인 메인넷에서 동작하는 프로그램입니다. 각 메인넷별로 설치 혹은 배포되어 있는 스마트 컨트랙트들이 다르므로 각 메인넷들은 별도로 독립된 생태계를 구축하고 있습니다.

메인넷을 이해하고 나면, 각 메인넷을 기반으로 한 블록체인 서비스인 '디앱'을 이해해야 합니다. 디앱은 탈중앙화된 앱을 뜻합니다. 기존의 서비스들이 중앙화된 서버에 정보들을 모아놓고 중앙화된 정보를 기반으로 서비스를 제공했다면, 디앱들은 블록체인 메인넷 및 스마트 컨트랙트에 정보들을 모아놓고 탈중앙화된 방식으로 서비스를 제공합니다. 블록체인 메인넷 위에서 다양한 디앱 서비스들이 제공되고 있을수록 메인넷의 생태계가 풍성해집니다.

메인넷과 디앱을 이해하고 나면 메인넷 간에 자산을 이동시킬 수 있는 브릿지에 대해 이해해야 합니다. 블록체인에서 자산의 역할을 하는 토큰들은 스마트 컨트랙트로 만들어지고 처리됩니다. 그래서 기본적으로는 토큰도 하나의 메인넷에 묶여 있습니다. 블록체인 브릿지를 통해 하나의 메인넷에 있는 토큰을 다른 메인넷으로 이동할 수 있습니다.

독립된 각자의 섬: 메인넷

NFT 투자를 직접 실행하기에 앞서 기본이 되는 개념 중 가장 중요한 것은 '메인넷'입니다. 앞서 잠깐씩 메인넷에 대해 언급했지만, 여기서는 메인넷의 개념에 대해 자세히 알아보도록 하겠습니다.

　NFT를 포함해서 블록체인 기반의 생태계는 각각 메인넷을 중심으로 구성됩니다. 메인넷은 생태계의 중심이 되는 인프라에 가깝습니다. 그래서 어떤 메인넷에서 NFT 프로젝트가 활동하느냐에 따라 활동할 수 있는 범위가 달라져요. 그래서 메인넷의 개념을 먼저 이해하는 것이 중요합니다.

　세상에는 수많은 메인넷 프로젝트가 존재합니다. 그리고 각각의 메인넷은 자신만의 생태계를 갖추면서 발전하고 있지요. 이더리움과 같은 어떤 메인넷 생태계는 아주 활발하기도 하고요. 잘 알려지지 않은 메인넷 생태계는 조용하고 황량하기도 합니다. 조금 쉽게 비유하자면 각각의 메인넷은 각자 독립된 하나의 섬이라고 볼 수 있어요.

솔라나 메인넷

이더리움 메인넷　　　　　　　　클레이튼 메인넷

메인넷 = 섬

　　　　　　　　　　　NFT 투자의 정석

가장 잘 알려진 메인넷은 비트코인과 이더리움이 있어요. '응? 비트코인, 이더리움은 암호화폐 아닌가?' 하는 생각이 드시죠? 사실 그것도 맞는 이야기예요. 비트코인이라는 이름은 암호화폐를 가리킬 수도 있고, 메인넷을 가리킬 수도 있습니다. 비트코인 메인넷 위에서 주고받을 수 있는 암호화폐의 이름이 비트코인인 것이죠. 좀 더 정확하게는 비트코인 메인넷 위에서 주고받을 수 있는 암호화폐는 BTC라고 표기합니다. BTC를 우리는 비트코인이라고 읽는 겁니다. 여기에서는 특별히 구분해야 하는 경우에 메인넷으로서의 비트코인은 '비트코인 메인넷'으로, 일반적인 암호화폐를 이야기할 때는 그냥 '비트코인'으로 부르기로 하겠습니다.

거의 대부분의 메인넷에는 기본 기능이 탑재되어 있습니다. 아시다시피 블록체인은 금융 문제를 해결하기 위한 노력으로 이루어진 기술이죠. 그래서 메인넷의 가장 기본적인 기능은 송금이에요. 암호화폐를 다른 사람과 주고받을 수 있는 기능이 있어야 하는 것이죠. 송금 기능은 메인넷의 기본 인프라라고 볼 수 있어요. 섬 안에 깔려 있는 도로의 역할을 하는 것이 송금 기능이라고 생각하시면 됩니다.

메인넷별로 지원하는 암호화폐나 토큰이 다르기 때문에 당연히 송금 가능한 토큰의 종류도 메인넷에 따라 달라집니다. 예를 들어 비트코인 메인넷에서는 비트코인BTC만 보낼 수 있어요. 비트코인 메인넷에서 이더리움ETH이나 리플XRP을 송금하는 것은 불가능해요. 그래서 메인넷이 지원하는 토큰의 종류를 잘 이해하고 있어야 합니다. 그러려면 메인넷의 종류를 구별하는 것이 중요하겠죠. 디앱에 대해 알아본 뒤 메인넷의 기능과 특성에 따른 분류 방법에 대해 좀 더 자세히 알아보도록 하겠습니다.

각 메인넷에는 네이티브 토큰이 존재합니다. '네이티브 토큰'이라는 용어가 좀 어렵긴 한데 따로 대체할 만한 용어가 마땅하지 않으니 그냥 네이티브 토큰이라고 부르겠습니다. 네이티브 토큰은 메인넷 생태계의 기본이 되는 토큰이라고 볼 수 있어요. 각 메인넷마다 보통 한 개 이상의 네이티브 토큰이 존재해요. 보통 네이티브 토큰 중에는 수수료로 사용되는 토큰이 존재합니다. 메인넷 위에서 송금을 하거나, 어떤 서비스를 사용할 때마다 해당 네이티브 토큰을 수수료로 사용해야 합니다.

예를 들어 이더리움 메인넷의 네이티브 토큰은 이더ETH예요. 이더리움 메인넷에서 NFT를 전송할 때에도 이더를 네트워크 수수료로 사용하게 됩니다. 만약 이더리움 메인넷에서 NFT를 가지고 있다고 하더라도 이더ETH를 가지고 있지 않다면, NFT를 전송하는 것도 할 수 없고 NFT 마켓플레이스에 판매 상품으로 등록하는 것도 불가능합니다.

섬 위에 세워진 상점: 디앱

그럼 각각의 섬에는 서비스를 해주는 상점들이 있겠죠? 미용실도 있을 것이고, 슈퍼마켓도 존재할 거예요. 그런 각각의 상점들을 블록체인 세상에서는 디앱이라고 부릅니다. 디앱은 탈중앙화 애플리케이션Decentralized Application: dApp의 약자입니다. 혹은 줄여서 '댑'이라고 부르기도 합니다.

디앱은 보통 회원 가입을 하지 않아도 되고, 내 지갑 주소를 가지고 있다면 바로 접속해서 이용할 수 있습니다. 굳이 회원 정보를 서버에 저장하지 않아도 누구나 지갑만 있으면 사용할 수 있는 서비스예요. 지갑을 이용해 서비스에 접근한다는 내용은 굉장히 중요한 이야기입니다. 우리에게 익숙한 회원 가입을 해 아

디앱 = 섬 위의 상점

이디와 비밀번호를 입력해서 서비스를 이용하는 것과 엄청나게 다른 방식으로 동작하죠. 디앱 서비스에서 아이디는 지갑의 주소가 됩니다. 비밀번호로 아이디의 주인임을 인증하지 않고 지갑의 서명을 통해 주소의 주인임을 증명합니다. 지갑의 주소와 개인키, 전자서명은 NFT 투자 및 블록체인 디앱 서비스를 이용할 때 매우 중요한 이야기이므로 뒤에 좀 더 자세히 언급하겠습니다.

디앱은 얼핏 보면 우리가 일상적으로 쓰는 서비스와 비슷하게 생겼어요. 하지만 실제로 동작하는 방식은 매우 특별합니다. 일반적인 웹 서비스들은 서비스들별로 자체 서버를 구축해서 서비스를 제공해요. 하지만 디앱의 경우에는 별도의 서버를 두지 않고 블록체인 위의 스마트 컨트랙트와 통신을 하면서 서비스를 제공합니다.

앞서 스마트 컨트랙트는 블록체인 위에서 동작하는 기본 프로그램이라고 설명드렸습니다. 마치 스마트폰에 설치된 기본 앱과 비슷한 개념이라고 말이죠. 그렇다면, 일반 스마트폰 앱과 비교했을 때 스마트 컨트랙트는 어떤 점이 다를까요? 우리가 스마트폰에서 앱을 설치하고 사용하면 그것은 우리 스마트폰에서만 동작하는 데 반해 블록체인 기반의 스마트 컨트랙트는 한 번 배포되면 전 세계의 모든 곳에서 같은 프로그램을 사용할 수 있게 된다는 점이 다릅니다. 스마트 컨트랙트는 화면을 통해 볼 수 있는 사용자 인터페이스UI가 없으므로 사람들이 해당 스마트 컨트랙트를 사용하는 서비스를 이용할 수 있도록 디앱이라는 형태로 서비스를 제공하는 거예요.

스마트 컨트랙트는 메인넷 위에 배포되는 프로그램이라고 했습니다. 엄청나게 많은 스마트 컨트랙트가 하나의 메인넷 위에 배포될 수 있다는 뜻이겠죠. 그렇다면 스마트 컨트랙트를 어떻게 구별할 수 있을까요? 바로 스마트 컨트랙트의 주소로 구별합니다. 각각의 스마트 컨트랙트는 고유의 주소를 가지고 있습니다. 그 주소를 가지고 디앱에서 블록체인 메인넷 위의 스마트 컨트랙트와 통신할 수 있게 됩니다. 스마트 컨트랙트끼리도 다른 스마트 컨트랙트의 주소를 알고 있으면 서로 통신할 수 있게 되지요. 예를 들어 대출을 해주는 스마트 컨트랙트가 있다고 해볼까요? 대출 스마트 컨트랙트는 토큰 스마트 컨트랙트의 주소를 가지고 대출이 진행되면서 토큰을 주고받는 일을 할 수 있습니다.

앞서 펀지블 토큰과 NFT 모두 스마트 컨트랙트를 이용해서 만든다고 했던 것 기억나시나요? NFT도 스마트 컨트랙트로 만들기 때문에 NFT를 구별하기 위해 스마트 컨트랙트의 주소를 이용합니다. 하나의 NFT 스마트 컨트랙트에는 여러 개의 NFT를 담을 수 있어요. 같은 스마트 컨트랙트 안에 있는 NFT를 구별하기 위해 토큰의 일련번호('토큰 아이디'라 부름)가 존재합니다. 정리하면

NFT 스마트 컨트랙트 주소와 토큰 아이디 두 개의 정보를 가지고 각각의 NFT를 구별할 수 있게 됩니다.

　NFT를 활용하려는 대부분의 프로젝트들은 디앱의 형태를 가지고 있어요. 예를 들면 가장 유명한 NFT 마켓플레이스(거래소)인 오픈씨●도 마찬가지로 디앱의 형태입니다. 일반적인 암호화폐 거래소처럼 회원 가입을 하는 절차가 따로 없어요. 대신에 지갑을 오픈씨와 연결해서 지갑에 있는 암호화폐로 NFT를 사고팔 수 있는 구조로 되어 있습니다.

　디앱을 메인넷이라는 섬 위에 있는 상점으로 비유를 했는데요. 상점이 많이 있을수록 경제활동이 활발하게 일어나겠죠. 그래서 각 메인넷별로 디앱 생태계가 얼마나 발전해 있는지 파악하는 게 중요합니다. 특히 NFT와 함께 블록체인의 주요 기능 중 하나인 디파이 디앱이 활성화되어 있는지를 살펴봐야 합니다. 디파이는 탈중앙화 금융Decentralized Finance을 의미해요. 금융 디앱이 활성화되어 있다는 것은 그만큼 많은 자금이 해당 메인넷 생태계에서 유통되고 있다는 뜻이 됩니다. 그리고 디앱끼리 서로 활성화되려면 다른 종류의 디앱들도 많이 있을수록 좋겠죠. 한적한 시

오픈씨OpenSea

세계 최대 NFT 마켓플레이스로 2017년 12월 미국 샌프란시스코에서 설립됐다. NFT 기반 수집품, 게임 아이템, 예술품 등 디지털 자산 거래를 지원하고 있으며 2021년 8월 기준 월 이용자 수는 13만 9240명에 달했다.

골보다는 높은 건물이 즐비한 도시에서 경제활동이 활발하게 이루어지는 것과 비슷합니다.

메인넷을 분류하는 기준: 스마트 컨트랙트 & EVM 호환

그럼 다시 메인넷을 구분하는 법에 대한 이야기로 돌아와 볼까요? 세상엔 다양한 종류의 메인넷이 있습니다. 그리고 새로 만들어지고 있는 메인넷들도 많이 있어요. 그래서 메인넷을 잘 구분하는 것이 중요합니다.

메인넷을 나누는 기준은 다양할 수 있지만, 여기선 NFT 투자의 관점으로 나눠보려고 합니다. 가장 중요한 기준으로 스마트 컨트랙트를 메인넷은 크게 세 종류로 나눌 수 있습니다.

메인넷을 나누는 첫 번째 기준은 '스마트 컨트랙트 기능이 있는 메인넷이냐'는 점이에요. 디앱은 스마트 컨트랙트와 통신하는 서비스라고 했었죠? 그렇기에 스마트 컨트랙트 기능이 없는 메인넷이라면 디앱을 만들 수가 없습니다. 만들더라도 제한적인 기능을 가진 디앱만 만들 수 있겠죠. 건물을 지을 수 없는 섬이라고 볼 수 있어요. 스마트 컨트랙트 기능이 없는 가장 대표적인 메인넷은 비트코인 메인넷입니다. 비트코인 위에서는 다양한 서비스를 하는 디앱을 만들 수 없어요. 비트코인 메인넷 위에 NFT를 만들 수도 없습니다. 우리는 NFT에 관심이 많으니 일단 스마트 컨트랙트 기능이 있는 메인넷들을 살펴봐야겠죠.

스마트 컨트랙트 기능을 갖춘 가장 유명한 메인넷은 이더리움입니다. 스마트 컨트랙트라는 개념을 처음 도입한 메인넷이기도 하죠. NFT가 가장 활발하게 거래되는 곳도 이더리움이기 때문에 메인넷 중 이더리움이 갖고 있는 지위는 굉장히 큽니다.

메인넷을 나누는 두 번째 기준은 이더리움 메인넷과 호환되는지의 여부입니다. 좀 더 정확하게는 이더리움 위의 스마트 컨트랙트 프로그램을 그대로 동작시킬 수 있는 메인넷인지 여부에 따라 메인넷을 나눌 수 있습니다. 디앱 서비스를 이용하거나 NFT 투자를 하다 보면 'EVM 호환' 메인넷이라는 용어를 보게 될 텐데요. 이 용어가 뜻하는 것이 바로 이더리움 메인넷과 호환되는 메인넷이라는 겁니다. 이더리움 메인넷에는 스마트 컨트랙트 코드를 실행시키는 '이더리움 가상 머신Ethereum Virtual Machine: EVM'이라는 것이 있어요. 같은 동작을 하는 가상 머신을 가진 메인넷들을 이더리움과 호환되는 메인넷이라고 구별합니다.

앞서 설명해드린 것처럼, 이더리움은 스마트 컨트랙트가 지원되는 최초의 메인넷이면서 가장 큰 규모의 메인넷입니다. 이더리움 이후로 만들어진 메인넷들은 이더리움 메인넷에 구축된 생태계를 자신들의 메인넷으로 옮겨오고 싶어 합니다. 생태계를 자신들의 메인넷으로 옮겨오기 위해 이더리움 메인넷용으로 만들어진 스마트 컨트랙트를 그대로 동작시킬 수 있는 메인넷으로 만든 거예요. 그런 종류의 메인넷을 '이더리움 호환 메인넷'이라고 부르며, 굉장히 많은 메인넷들이 이더리움 메인넷과 호환됩니다.

위에서 설명한 두 가지 기준을 바탕으로 메인넷은 크게 세 종류로 나눌 수 있게 됩니다.

첫 번째는 스마트 컨트랙트 기능이 지원 안 되는 메인넷입니다. 이 범주에 속하는 메인넷은 대부분 비트코인의 코드를 복사(기술 용어로 '포크'라고 합니다)해서 새로 만들어진 메인넷들이 있습니다. 잘 알려진 메인넷들을 중심으로 살펴보면 다음과 같은 메인넷들이 있습니다. 보통 이런 메인넷들은 메인넷 이름과 암호화폐 이름이 같습니다.

비트코인, 라이트코인, 도지코인, 비트코인캐시, 모네로, 비트코인 사토시 비전, 대시, 레이븐코인 등

두 번째는 스마트 컨트랙트 기능이 지원되면서 이더리움과 호환되는 메인넷입니다. 이더리움과 호환되는 메인넷들은 이더리움과 구별하기 위해 네트워크 아이디라는 것으로 구별합니다. 예를

들면 다음과 같은 메인넷들이 있어요. 이미 설명드린 것처럼 이더리움 호환 메인넷이라고 해서 디앱 생태계가 활발하게 구성되어 있는 것은 아닙니다.

이더리움, 바이낸스 스마트체인, 아발란체, 폴리곤, 팬텀 네트워크, 클레이튼, 하모니, 셀로 등

세 번째는 스마트 컨트랙트 기능이 지원되지만 이더리움과 호환되지 않는 메인넷입니다. 예를 들면 다음과 같은 메인넷이 있습니다.

솔라나, 카르다노, 테라, 트론, 헤데라, 스택스, 테조스, 플로우 등

디앱을 사용하려면 지갑을 이용해야 한다고 말씀드렸죠. 어떤 메인넷 기반의 디앱을 사용하느냐에 따라 사용할 수 있는 지갑의 종류가 달라집니다. 지갑마다 지원하는 메인넷이 다르므로 어떤 메인넷 기반의 디앱 서비스를 사용하는지에 따라 선택할 수 있는 지갑의 종류가 결정됩니다. 반대로 이야기하면 메인넷마다 지원되는 지갑이 달라지는 거예요. 지갑 이야기는 뒤에서 좀 더 알아보도록 하겠습니다.

섬들 사이를 잇는 다리: 브릿지

그럼 이쪽 섬에 있는 토큰을 다른 섬으로 옮길 수는 없을까요? 섬에서 섬으로 토큰을 옮기기 위한 다리가 존재합니다. '브릿지'라고도 하고 '크로스체인 플랫폼'이라고도 합니다. 말 그대로 섬과 섬을 잇는 다리의 역할을 하는 거예요. 브릿지를 통해 이더리움 메인넷에서 폴리곤 메인넷으로 암호화폐나 NFT를 옮길 수 있게 됩니다. 브릿지도 디앱의 한 종류입니다. 다만 하나의 메인넷에서만 동작하는 디앱이 아니라 메인넷 간의 자산을 이동시켜주는 특별한 형태의 디앱이죠.

아직은 모든 섬끼리 브릿지로 연결되어 있는 상태는 아닙니다. 대부분 이더리움 메인넷을 중심으로 연결되어 있어요. NFT를 연결하는 브릿지는 아직 없는 편이고, 이제 공사 중인 단계예요.

브릿지를 디앱으로 만드는 대신에 메인넷과 메인넷을 연결하려는 목적을 가진 메인넷도 존재합니다. 이런 형태의 메인넷을 크

브릿지 디앱

메인넷 간의 연결을 위한 브릿지

로스체인이라고 부르기도 합니다. 브릿지가 메인넷 두 개를 연결하는 역할을 한다면, 크로스체인은 여러 개의 메인넷을 한 번에 연결해주는 역할을 할 수 있습니다. 크로스체인은 아직 NFT 투자와 큰 관련성은 없으니 자세한 설명은 생략하기로 하고, 이런 종류의 메인넷이 존재한다는 정도로만 알아두시면 좋을 것 같습니다. 물론 크로스체인 기술이 발전하게 되면 NFT도 크로스체인을 통해 자유롭게 이동할 수 있으니 장기적으로는 관심 있게 지켜보시는 것도 좋을 것 같아요.

브릿지는 NFT를 더 폭넓게 활용하기 위한 굉장히 중요한 개념이자 기능이지만, 아직은 초기 단계에 있습니다. 아직까지는 브릿지라는 기능이 있고, 메인넷 사이에 토큰을 이동하기 위해 필요한 기능이라는 정도로만 알아두시면 될 것 같습니다.

NFT 투자의 필수품 = 지갑

메인넷과 스마트 컨트랙트, 디앱에 대해 이해하셨다면, 이제 지갑에 대해 알아볼 차례입니다. "당신의 키가 아니면 당신의 코인이 아니다Not your key, not your coin"라는 말이 있어요. 블록체인 세상에서는 내 자산을 내가 관리해야 하고, 자신의 자산 관리는 키, 정확히는 '개인키'를 잘 관리하는 것에서부터 시작한다는 뜻이죠. 이렇게 자산의 관리에 중요한 개인키의 사용은 지갑을 통해 이루어집니다. 이미 경험해보신 분들도 있으시겠지만 지갑을 처음 사용해보면 굉장히 어려워요. 어렵다고 해서 지갑에 대해 제대로 이해하지 못하고 투자를 하게 되면 자산의 손실로 이어질 수 있어요. 지갑의 역할이 무엇이고 어떤 방식으로 내 자산이 관리되는지 알아야 합니다.

서비스와 사용자의 연결 지점: 지갑

우리가 블록체인 서비스를 이용하려면 지갑이 필요합니다. 지갑이란 무엇일까요? 지갑은 블록체인 위의 토큰을 관리하고 블록체인 서비스를 이용하기 위한 프로그램입니다. 지갑의 역할을 이해하려면 블록체인의 계정과 주소, 개인키 그리고 트랜잭션을 이해해야 합니다. 하나씩 천천히 살펴볼까요?

먼저 계정입니다. 블록체인 메인넷마다 토큰이라는 형태를 통해 암호화폐나 NFT라는 자산을 만들고 처리할 수 있다는 사실을 기억하고 계실 거예요. 만들어진 자산을 나누어 가질 수 있는 그릇이 필요하겠죠. 그런 그릇을 계정이라고 부릅니다. 우리가 통장 하나를 만들면 계좌번호가 생기는데 계정이 하나 생기는 것과 비슷합니다. 은행에서 통장별로 계정을 구별하기 위해 계좌번호가 있는 것처럼, 블록체인 메인넷의 계정에도 각 계정을 구별하기 위한 수단이 필요합니다. 블록체인에서는 주소라는 형식을 통해 계정을 구별합니다. 블록체인에서 주소는 계정을 나타내고 구별하기 위한 단위가 됩니다.

주소의 형태는 메인넷별로 다른 형식을 가지고 있습니다. 계정을 구별하는 방식이 메인넷별로 다른 것이죠. 예를 들어 비트코인의 주소는 'bc1qxy…'과 같은 형식을 하고 있어요. 반면 이더리움은 '0x3322FC…'과 같은 형식을 띠고 있습니다. 이렇게 각 계정마다 고유의 주소를 가지고 있고, 주소에 얼마만큼의 토큰을 가지고 있는지 블록체인 메인넷 위에 저장되어 있습니다.

주소는 임의로 결정되는 값이 아닙니다. 주소는 개인키라는 것으로부터 계산됩니다. '개인키'는 아주 중요한 단어니까 꼭 기억해두셔야 합니다. 개인키는 아주아주 커다란 숫자인데, 그 숫자로부터 정해진 공식을 통해 주소를 계산하게 됩니다. 공식이 정해져 있기 때문에 개인키가 같다면 항상 같은 주소가 나옵니다. 개인키로부터 주소를 계산하는 것은 가능하지만, 주소로부터 개인키를 알아내는 것은 불가능합니다. 그래서 주소는 다른 사람에게 알려주더라도 주소를 받은 사람이 개인키를 알아낼 수는 없도록 되어 있습니다. 개인키에서 주소를 계산하는 공식은 메인넷마다 다릅니다. 그래서 같은 개인키를 가지고 있더라도 메인넷별로 다른 주소를 가지게 됩니다(물론 같은 공식을 가진 메인넷끼리는 같은 주소를 계산하게 되겠죠).

그럼 개인키의 역할은 무엇일까요? 개인키는 주소의 주인임을 증명하는 역할을 담당합니다. 어떤 주소에 얼마만큼의 토큰이 들어 있는지는 블록체인 메인넷 위에 저장되어 있다고 말씀드렸죠. 그렇다는 건 누구나 주소를 알고 있으면 그 주소에 담겨 있는 토큰의 개수와 종류를 알 수 있다는 뜻입니다. 그렇다고 해서 그 토큰을 아무나 가져가게 하면 안 되겠죠. A 주소에 있는 토큰을 B 주소로 보내려면 A 주소의 주인임을 증명해야 합니다. 그런 증명에 필요한 것이 개인키입니다. 주소 A의 개인키를 알고 있는 사람만 주소 A의 토큰을 다른 곳으로 보낼 수 있는 것이죠. 눈치 채셨겠지만, 그래서 개인키를 안전하게 보관하고 관리하는 것이 어마어마하게 중요합니다.

그럼 트랜잭션은 무엇일까요? 블록체인에서 트랜잭션은 하나의 주소에서 다른 주소로 토큰이 이동하는 것을 이야기합니다(정확히는 토큰이 이동하지 않는 트랜잭션도 있습니다만, 실제로 우리가 블록체인 서비스를 이용할 때에는 대부분 토큰이 이동하는 트랜잭션을 보게 됩니다). 내 지갑 주소에서 다른 지갑 주소로 토큰을 전송하는 것도 트랜잭션이 되고요. 아니면 내 지갑 주소에서 스마트 컨트랙트 주소로 토큰이 이동하기도 합니다. 스마트 컨트랙트도 주소를 가지고 있다고 말씀드렸죠? 스마트 컨트랙트 주소에도 토큰을 담을 수 있습니다. 대출을 담당하는 스마트 컨트랙트라면, 담보로 쓸 내 토큰을 대출 스마트 컨트랙트에 보내고 대출 스마트 컨트랙트에 있던 토큰을 내 주소로 빌려주는 등의 일이 가능합니다. 이렇게 트랜잭션이 일어날 때 주소의 주인임을 증명하기 위해 개인키가 사용됩니다. 좀 더 정확하게는 개인키로 전자서명을 만들어서 트랜잭션에 붙이는 거예요.

블록체인 지갑이 하는 일이 무엇인지 조금 감이 잡히시나요? 지갑이 하는 일은 개인키를 관리하고 내 토큰을 다른 주소로 보내는 것과 같은 트랜잭션을 할 일이 생겼을 때, 개인키를 이용해 전자서명을 만드는 역할을 담당합니다. 내 주소의 주인임을 증명하기 위한 개인키를 지갑으로 관리하는 것이죠. 그래서 아무 지갑이나 사용하면 안 되고 믿을 수 있는 지갑 프로그램을 사용해야 합니다.

지갑의 종류

그럼 이제 지갑의 종류를 살펴보겠습니다. 지갑은 개인키를 어디에 보관하느냐에 따라 크게 중앙형 지갑과 탈중앙형 지갑으로 나누어집니다. 중앙형 지갑은 말 그대로 개인키를 중앙 서버에서 관리합니다. 지갑 서비스 운영 회사의 서버에 개인키를 두고 있는 방식이죠. 대표적인 중앙형 지갑으로는 카카오톡의 자회사인 그라운드X에서 운영하는 클립이 있습니다. 클립은 클레이튼 메인넷을 지원하는 중앙형 지갑입니다. 중앙형 지갑은 개인키를 직접 관리할 필요가 없으므로 사용하기 편리하다는 장점이 있습니다. 대신 지갑 서비스의 서버가 해킹을 당하거나 서비스를 중단할 경우, 내 자산을 영영 찾을 수 없다는 단점이 존재합니다. 그래서 중앙형 지갑 서비스를 이용할 때에는 믿을 만한 서비스인지, 계속 지갑 서비스를 운영할 것 같은 회사인지를 판단하는 것이 매우 중요합니다.

탈중앙형 지갑은 개인키가 사용자의 디바이스에 저장됩니다. 내 개인키를 나만 가지고 있는 방식이죠. NFT 투자를 진행하다 보면 사용하게 되는 거의 대부분의 지갑은 탈중앙형 지갑이라고 보시면 됩니다. 블록체인 서비스인 디앱들이 대부분 탈중앙형 지갑과 연결해 사용할 수 있도록 되어 있기 때문입니다. 탈중앙형 지갑은 내 개인키를 내가 직접 관리해야 하기 때문에 번거로움이 존재합니다. 그렇기에 개인키를 관리하는 방법을 잘 알고 있어야 합니다. 개인키 관리에 대한 공부가 필요하겠죠.

탈중앙형 지갑은 다시 두 가지 종류로 나눌 수 있습니다. 소프트웨어 지갑과 하드웨어 지갑이 그것입니다. 소프트웨어 지갑은 개인키를 지갑 프로그램이 설치된 기기에 저장합니다. 예를 들어 안드로이드 앱으로 된 소프트웨어 지갑을 설치해서 사용한다면, 개인키는 안드로이드 스마트폰 안에 저장되어 있습니다. 마찬가지로 PC용 소프트웨어 지갑 프로그램을 설치한다면, 개인키는 내 PC에 저장되어 있겠죠. 스마트폰에서 사용할 수 있는 대표적인 소프트웨어 지갑으로는 디센트 앱 지갑과 트러스트 지갑, 메타마스크가 있습니다. 사실 소프트웨어 지갑의 종류는 엄청나게 다양합니다. 메인넷별로 사용할 수 있는 지갑의 종류가 달라지기 때문인데요. 뒤에서 다시 설명하겠습니다.

소프트웨어 지갑은 개인키를 인터넷이 연결되어 있는 스마트폰이나 PC, 노트북에 저장하기 때문에 보안에 상대적으로 취약합니다. 악성 프로그램이 스마트폰 안에 있는 개인키를 훔쳐 가는 경우도 있을 수 있고요. 누군가 내 스마트폰의 소프트웨어 지갑의 비밀번호를 알아내어 내 자산을 훔쳐 갈 위험도 존재합니다. 이런 위험을 줄이고 싶은 사람들은 별도의 장치에서 개인키를 관리하는 하드웨어 지갑을 사용합니다.

하드웨어 지갑은 개인키를 보관 및 관리하는 별도의 지갑 기기입니다. 인터넷이 연결되어 있지 않고, 개인키를 보호하는 것을 주목적으로 만들어졌기 때문에 보안 측면에서 소프트웨어 지갑보다 안전합니다. 대신 별도의 장치를 가지고 다녀야 블록체인 서비스를 이용할 수 있기 때문에 소프트웨어 지갑에 비해 사용하기에는 불편합니다. 그래서 보통 처음 적은 금액으로 블록체인 서비스를 이용하기 시작할 때는 소프트웨어 지갑을 사용하다가, 자산이 많아져서 더 안전하게 관리해야 하는 경우에는 하드웨어

디센트의 지문인증형 지갑   렛저의 나노 X

하드웨어 지갑

지갑을 사용합니다. 소프트웨어 지갑의 종류가 많은 것에 비해 하드웨어 지갑의 종류는 그렇게 많지 않습니다. 대표적인 하드웨어 지갑으로는 디센트의 지문인증형 지갑과 렛저의 나노 시리즈가 있습니다.

개인키를 잃어버렸다면?

탈중앙형 지갑은 개인키를 내가 직접 관리하는 지갑이라고 말씀드렸습니다. 만약 개인키를 잃어버린다면 어떻게 될까요? 예를 들면 소프트웨어 지갑을 설치한 스마트폰을 잃어버렸거나 소프트웨어 지갑 앱을 삭제해버리는 경우 내 개인키를 잃어버릴 수 있습니다. 하드웨어 지갑 기기를 잃어버리는 경우도 마찬가지겠죠.

개인키를 잃어버린다는 것은 주소의 주인임을 증명할 방법이 없어지는 것과 마찬가지입니다. 그래서 개인키를 백업해두는 것이 중요합니다. 탈중앙형 지갑들은 개인키를 백업하고 복구하는 방법을 제공하고 있습니다. 거의 대부분의 탈중앙형 지갑들이 같은 방식의 개인키 백업 및 복구 방식을 사용합니다. 바로 복구코드입니다. 지갑마다 복구코드를 부르는 방식은 다양합니다. 니모닉 코드라고 부르는 지갑도 있고, 시드 단어라고 부르는 지갑도 있습니다. 다 같은 뜻입니다. 뒤에 설명을 보시면 이해하시겠지만, 복구코드는 굉장히 중요합니다.

개인키는 어마어마하게 복잡하게 생긴 큰 숫자로 되어 있습니다. 얼핏 보면 암호문같이 생겼습니다. 큰 숫자 중 하나라도 틀리면 완전히 다른 개인키가 됩니다. 그래서 개인키를 사람이 읽을 수 있는 영어 단어 리스트의 형태로 표현해줍니다. 개인키를 영어 단어 리스트의 형태로 표현한 것을 복구코드 혹은 니모닉 코드라고 부릅니다. 즉 복구코드는 곧 개인키라고 볼 수 있습니다. 정확하게는 복구코드로부터 개인키를 계산해내는 방식이지만, 그냥 복구코드가 개인키라고 이해하셔도 무방합니다.

복구코드를 이용해서 지갑의 개인키를 백업하고 복구하는 방식은 보통 다음과 같은 방식으로 이루어집니다. 지갑을 처음 설정할 때 지갑 프로그램에서 복구코드를 보여줍니다. 우리는 그 복구코드를 어딘가에 안전하게 보관해둡니다. 나중에 스마트폰을 잃어버리거나 하는 등의 이유로 개인키를 복구해야 할 일이 생길 수 있겠죠. 지갑 프로그램의 메뉴에 복구하기 메뉴가 있어 안전하게 보관해둔 복구코드를 입력해줍니다. 그러면 다시 이전에 쓰던 개인키로 지갑을 이용할 수 있게 됩니다. 복구코드는 보통 탈중앙형 지갑끼리 호환되기 때문에 내가 사용하던 지갑 서비스가 서비스를 멈추더라도 다른 지갑 서비스에서 복구코드를 이용해 계속 같은 개인키로 블록체인 서비스를 이용할 수 있습니다.

복구코드를 어디에 보관해둘지도 매우 중요하겠죠. A라는 사람의 복구코드를 B라는 사람이 훔쳐 간다면, B라는 사람도 복구코드를 이용해 개인키를 복구해 사용할 수 있게 됩니다. 즉 B라는 사람이 A의 모든 자산을 가져갈 수 있게 되는 것이죠. 그래서 복구코드를 안전하게 보관해두는 것이 매우 중요합니다. 복구코드는 보통 12개나 24개의 영어 단어로 되어 있습니다. 영어 단어들을 두 그룹으로 나누어서 다른 두 개의 이메일에 나누어 저장하기도 하고, 종이에 적어 금고에 넣어두는 경우도 있습니다. 어떤 방식으로든 다른 누군가가 나의 복구코드를 훔쳐 가지 못하도록 잘 보관해두는 것이 중요합니다.

디센트 지문인증형 지갑이나 렛저 나노 시리즈와 같은 하드웨어 지갑은 24개의 영어 단어 이외에 사용자가 추가로 자신만의 단어를 이용해서 복구코드를 만드는 기능도 제공하고 있습니다. 보관해둔 24개의 영어 단어를 누군가 훔쳐 가더라도 나만 알고 있는 마지막 비밀 단어를 모른다면 내 개인키를 안전하게 지킬 수 있겠죠. 복구코드와 개인키에 대해서는 아무리 강조해도 지나치지 않기 때문에 뒤에서 한 번 더 설명하도록 하겠습니다.

메인넷마다 사용할 수 있는 지갑이 다르다

앞서 블록체인 생태계는 메인넷마다 달라진다고 설명드렸습니다. 지갑도 마찬가지로 메인넷마다 사용할 수 있는 지갑의 종류가 다릅니다. 그래서 내가 이용하고자 하는 서비스가 어떤 메인넷 위에서 구축되어 있는지를 먼저 알아야 하고, 그 메인넷에서 사용할 수 있는 지갑엔 어떤 것이 있는지 알아야 합니다.

블록체인 메인넷에 있는 토큰을 관리하거나 메인넷 기반의 디앱을 사용하기 위해서는 지갑이 필수적입니다. 그렇기에 보통 메인넷을 개발할 때 메인넷을 개발하는 회사나 팀에서 해당 메인넷에서 사용할 수 있는 지갑을 같이 개발하는 경우가 많습니다. 메인넷의 공식 지갑인 것이죠. 보통 메인넷의 공식 지갑들은 메인넷을 개발하는 팀에서 만들거나 메인넷 개발팀과 긴밀하게 협업하는 파트너가 있으므로 대체로 믿고 사용할 수 있습니다. 다음은 몇 가지 메인넷의 공식 지갑이라 부를 수 있는 지갑들입니다.

- 이더리움 메인넷: 메타마스크
- 솔라나 메인넷: 팬텀 지갑
- 카르다노 메인넷: 다이달로스, 요로이
- 리플 메인넷: XUMM
- 테라 메인넷: 테라 스테이션
- 클레이튼 메인넷: 카이카스
- 스택스 메인넷: 히로 지갑

앞서 메인넷의 종류 중에 이더리움과 호환되는 메인넷이 있다고 했었죠. 보통 하나의 지갑으로 이더리움과 호환되는 메인넷에서 사용할 수 있습니다. 이더리움 호환 메인넷에서는 이더리움 메인넷의 공식 지갑인 메타마스크를 많이 사용합니다.

각각의 메인넷별로 다른 지갑을 사용해야 한다는 것에는 당연히 불편이 따르겠죠. 그래서 여러 메인넷을 지원하는 지갑들도 있습니다. 이런 지갑을 멀티체인 지갑이라고 부릅니다. 여러 가지 메인넷이 지원되는 지갑에는 디센트 지갑과 트러스트 지갑이 있습니다. 각자의 취향에 맞게 지갑을 잘 선택해 사용하시면 됩니다.

지갑 사용 시 가장 중요한 것: 복구코드

복구코드를 안전하게 보관하고 관리하는 것이 지갑의 사용에 있어서 가장 중요합니다. 앞서 설명하긴 했지만, 다시 한번 더 지

Secret Recovery Phrase

비밀 백업 구문을 이용하면 계정을 쉽게 백업하고 복구할 수 있습니다.

경고: 백업 구문은 절대로 공개하지 마세요. 이 구문이 있는 사람은 귀하의 Ether를 영원히 소유할 수 있습니다.

나중에 알림　　　다음

지갑 초기 설정 시 복구코드 확인

갑 복구코드에 대해 정리하도록 할게요. 지갑 소프트웨어의 비밀번호와 복구코드를 헷갈려하는 경우가 많으므로 둘을 비교하면서 설명하겠습니다.

개인키로 주소를 계산하는 법

탈중앙화 지갑의 가장 중요한 기능 중 하나는 개인키 관리입니다. 우리가 지갑에서 볼 수 있는 주소는 개인키로부터 계산돼서 나와요. 개인키를 알면 주소를 계산할 수 있지만, 주소를 안다고 해서 개인키를 계산해낼 수는 없어요. 그리고 A라는 주소의 개인키는 단 하나입니다(사실 정확하게는 멀티시그multi-sig라는 기술을 이용해서 여러 개의 개인키로 하나의 주소를 관리할 수 있지만, 보통 개인 사용자들은 하나의 개인키로 하나의 주소를 관리합니다).

개인키는 주소의 주인임을 증명하는 역할

블록체인에서 개인키는 주소의 소유자임을 증명하는 역할을 합니다. 주소의 소유자임을 증명하는 과정은 개인키를 이용해서 전자서명을 통해 이루어지고요. 전자서명은 우리가 편의점에서 결제를 하고 서명을 하는 것을 온라인상에서 하는 것과 같아요. 우리가 이더를 송금하거나 NFT 구매와 같은 트랜잭션을 일으킬 때마다 전자서명이 트랜잭션에 포함되게 돼요. 전자서명이 맞는지 보고 주소의 주인이 맞는지 확인할 수 있는 원리죠.

개인키 백업이 필요

개인키를 가지고 있다는 건 주소의 주인이라는 뜻이기 때문에 개인키를 나만 가지고 있는 것이 아주 중요합니다. 소프트웨어 지갑을 사용하고 있다면, 지갑 소프트웨어를 삭제하는 경우에 개인키도 같이 삭제돼요. 지갑을 설치해놓은 스마트폰이나 노트북을 분실했을 경우에도 마찬가지일 테고요. 그래서 개인키를 따로 보관해두어야 할 필요성이 있습니다.

개인키 백업을 위한 복구코드

개인키는 복잡한 숫자로 이루어져 있어 사람이 손으로 적어놓거나 기억하기에 너무 어렵게 생겼어요. 그래서 개인키를 사람이 읽기 쉬운 형태로 만들어놓은 것이 복구코드입니다. 좀 더 정확하게는 복구코드로부터 개인키를 계산해낼 수 있어요. 복구코드는 지갑에 따라 12개나 18개 혹은 24개의 영어 단어로 이루어져 있습니다. 다시 한번 강조하지만, 복구코드로 개인키를 계산할 수 있기 때문에 복구코드를 나만 알고 있는 것이 아주 중요합니다. 만약 블록체인 서비스를 이용하거나 투자를 하다가 누군가 복구코드를 요청하거나, 어떤 사이트에서 복구코드를 입력하라고 한다면 백 퍼센트 사기라고 보시면 됩니다.

비밀번호는 개인키 보호용

지갑 앱을 실행시킬 때 입력하는 비밀번호나 패스워드는 개인키와는 다릅니다. 비밀번호는 지갑이 설치된 PC나 스마트폰에 있는 개인키를 보호하기 위해 존재해요. 다른 사람이 내 PC로 내 지갑에 마음대로 접근하는 걸 막는 역할을 한다고 볼 수 있죠.

같은 주소에 접근하려면 같은 복구코드로 지갑 복구 필요

만약 PC에서 만든 지갑 주소를 스마트폰에서도 사용하고 싶다면 어떻게 해야 할까요? 이러한 경우에는 PC에서 사용하는 복구코드를 스마트폰으로 복원해주어야 합니다. 이때 PC에 있는 지갑의 비밀번호와 스마트폰에 있는 지갑의 비밀번호가 꼭 같을 필요는 없어요. 복구코드만 같다면 같은 개인키를 갖게 되고, 같은 주소에 접근할 수 있기 때문입니다.

NFT
투자 유형

이 책을 여기까지 읽으셨다면, NFT 투자에 관심이 있으시다는 뜻이겠죠. NFT에 투자한다는 것은 정확히 무엇을 한다는 이야기일까요? NFT에 대한 투자는 다양한 방식으로 이루어질 수 있습니다. 크게 보면 다섯 가지 투자 유형으로 나눌 수 있는데, 하나씩 살펴보도록 하겠습니다. 좀 더 깊이 투자하다 보면 다섯 가지 유형이 정확하게 나누어지지 않고 몇 가지 유형이 섞여 있는 경우가 많습니다.

NFT 프로젝트의 암호화폐에 간접 투자

NFT에 투자하는 가장 간단한 방법은 NFT와 관련되어 있는 암호화폐에 투자하는 것입니다. 이 방법은 NFT에 직접 투자하는 것은 아니고 일종의 간접 투자라고 볼 수 있어요. 예를 들면 더샌드박스라는 NFT 프로젝트가 유망하다고 판단되면, 더샌드박스의 암호화폐인 샌드SAND를 매수하는 것이죠. 보통 NFT 프로젝트가 성공적으로 커나갈수록 해당 프로젝트의 암호화폐 가치도 같이 올라가기 때문에 가장 간단하게 투자하는 방법이라고 볼 수 있습니다.

많은 NFT 프로젝트들은 해당 프로젝트의 암호화폐가 존재합니다. 거버넌스 토큰으로 존재하기도 하고요. 해당 프로젝트의 NFT를 구매하는 데 사용되기도 합니다.

이 방법을 이용해 투자를 진행할 경우에 주의할 사항이 하나 있어요. 해당 프로젝트가 성공적으로 발전해나갈수록 프로젝트의 암호화폐도 같이 가치가 올라가는 구조로 되어 있는지를 파악해야 합니다. 거의 대부분의 토큰들은 토큰이코노미라 불리는 규칙들이 존재합니다. 어떤 때 발행되고, 어떻게 분배되며 언제 소각되는지에 대한 룰이라고 볼 수 있는데요. 프로젝트가 성공할수록 토큰의 가치가 오르도록 설계되어 있는 토큰이코노미를 가지고 있는지를 판단하는 게 중요합니다. 물론 단기적인 가격의 변화는 토큰이코노미와 관련 없이 변화할 수 있지만, 장기적으로 보면 토큰이코노미의 영향을 많이 받습니다.

NFT 매매를 통한 투자

그다음 고려해볼 수 있는 투자 방법은 NFT를 직접 구매해서 가치가 오르기를 기다렸다가 파는 방식입니다. 흡사 미술품이나 부동산에 직접 투자하는 것과 비슷하다고 볼 수 있지요.

NFT는 가치나 가격을 예측하기가 더 어렵습니다. 일반 토큰 같은 경우에는 거래가 계속 일어나면서 가격의 등락이 있으므로 어느 정도 추적도 가능하지만, NFT는 각 NFT마다 고유의 가치를 가지고 있는데, 각각의 NFT는 거래가 빈번하게 일어나지 않기 때문에 언제 얼마나 팔아야 할지 예측이 더 어렵습니다.

NFT의 매매는 보통 NFT 마켓플레이스라 불리는 NFT 거래소에서 이루어집니다. NFT 마켓플레이스도 일종의 디앱이기 때문에 마켓플레이스마다 지원하는 메인넷이 존재합니다. 내가 투자하려는 NFT가 어느 메인넷에서 발행되었는지 파악하는 것이 중요하죠. 그리고 해당 메인넷에서 서비스하고 있는 마켓플레이스를 찾아야 합니다.

그리고 마켓플레이스별로 거래량의 차이가 많이 납니다. 당연히 거래가 활발하게 이루어지는 마켓플레이스를 선택해야 투자로 인한 수익을 올리기 좋을 것 같습니다.

NFT를 구매할 수 있는 시장에는 두 종류가 존재합니다. 각각 1차 마켓, 2차 마켓이라고 불러요. 1차 마켓 같은 경우는 작가의 NFT 작품을 공개적인 경매를 통해 판매하는 것입니다. 2차 마켓은 1차 마켓으로 구매한 NFT를 사용자들끼리 매매할 수 있는 시장을 이야기합니다.

보통 NFT는 경매 방식으로 거래가 이루어집니다. 내가 올려놓은 가격에 그대로 구매하는 경우도 있지만, 더 낮은 가격으로 제안이 들어오기도 합니다. 이때 터무니없이 낮은 가격을 제시하면서 판매자의 실수를 유발하는 경우가 많으니 주의해야 합니다. 예를 들어 제가 어떤 NFT를 1,500클레이KLAY에 올려두었는데, 상대방이 1,499클레이에 구매 요청을 하는 식이죠. 어떤 차이가 있는지 눈치채셨나요? 제가 원한 가격은 1,500클레이였지만, 상대방은 1.5클레이에 구매하려고 하는 것이죠. 제대로 파악하지 않고 1.499를 1,499로 읽어버리는 경우가 발생하기도 합니다.

그러면 판매 가격은 어떻게 결정하는 것이 좋을까요? 기본적으로는 내가 구매한 가격을 기준으로 정하면 되긴 합니다. 하지만 더 판매 확률을 높일 수 있는 기준이 있다면 좋겠죠. 정해진 기준이 없으므로 판매 가격을 정하기가 굉장히 어렵습니다. 그 기준으로 삼을 수 있는 몇 가지 정보들이 존재합니다.

어떤 NFT들은 콜렉션이 존재합니다. 일종의 시리즈라고 볼 수 있습니다. 각 콜렉션은 바닥 가격Floor Price이라는 것이 존재합니다. 콜렉션의 NFT 중 가장 가격이 낮은 NFT의 가격이라고 볼 수 있습니다. 콜렉션의 가장 낮은 가격인 바닥 가격을 내 NFT의 판매 가격의 기준으로 삼을 수 있습니다.

콜렉션에서는 희귀도를 점수로 보여주기도 합니다. 한 콜렉션 내에 더 희귀한 NFT의 가치가 더 높다고 볼 수 있겠죠. 희귀도가 존재하는 콜렉션의 경우, 희귀도 점수를 보고 내가 판매하려는 NFT의 가격을 결정하는 것도 도움이 됩니다.

콜렉션의 과거 히스토리를 기반으로 적정 가격을 계산해주는 사이트도 존재합니다. NFT뱅크NFTbank 같은 경우가 대표적인 서비스입니다.

NFT 거래는 보통 경매 방식을 통해 이루어진다고 말씀드렸습니다. 최근에는 일반 암호화폐와 마찬가지로 NFT 매매를 오더북 기반으로 해보려는 마켓플레이스들도 생겨나고 있습니다. 아직은 초창기라서 NFT 매매가 오더북 기반으로 활성화될 것인지는 더 두고 봐야 합니다.

NFT 발행을 통한 수익 창출(민팅)

꼭 다른 사람이나 프로젝트가 발행한 NFT 거래로만 투자할 수 있을까요? 내가 찍은 사진이나 영상 또는 내가 그린 그림을 NFT로 발행해서 판매하는 방법도 있습니다. 더샌드박스 같은 경우는 게임 아이템을 직접 제작해서 판매하는 것도 가능합니다. NFT를 발행하는 것을 민팅Minting이라고 합니다.

NFT 마켓플레이스 중에는 NFT 민팅 기능을 지원해주는 마켓플레이스들이 있습니다. 이더리움 메인넷의 가장 유명한 NFT 마켓플레이스인 오픈씨에서도 NFT 민팅이 가능하고요. 라리블Rarible에서도 NFT 민팅 기능을 제공하고 있습니다. NFT 민팅은 간단히 지갑을 연결하고 NFT로 발행할 이미지나 동영상을 업로드함으로써 가능합니다.

NFT를 발행했다면 판매를 해야겠죠. 본인이 인플루언서라면 직접 자신의 채널을 통해 판매를 유도할 수도 있습니다. 그렇지 않은 경우 직접 홍보할 수 있는 수단을 찾아야 합니다. NFT 크리에이터들이 모여 있는 커뮤니티들이 있으며, 그런 커뮤니티에서 활동하면서 판매 기회를 찾아볼 수도 있습니다.

직접 판매를 홍보하는 것이 어렵다면 NFT 1차 마켓에 작가로 참여하는 방법도 있습니다. NFT 마켓플레이스 중에는 등록된 작가의 NFT 작품만 판매할 수 있는 정책을 가진 마켓플레이스가 있습니다. 예를 들어 슈퍼레어와 같은 NFT 마켓플레이스는 간략한 소개와 함께 신청하면 간단한 검증 과정을 거쳐 작가로 등록할 수 있습니다. 등록된 작가의 작품을 판매하는 데 주력하는 마켓플레이스이기 때문에 작가로 등록만 가능하다면, 내가 발행한 NFT 판매 채널로 활용하는 데 유리합니다.

NFT를 발행해서 판매하는 것은 NFT 구매에 대한 비용이 들어가지 않는 비교적 안전한 투자 방법입니다. 그렇다고 NFT 발행에 비용이 하나도 들지 않는 것은 아닙니다. 대부분의 메인넷에는 네트워크 수수료라는 것이 존재합니다. 이더리움에서는 수수료의 단위가 가스GAS이기 때문에 가스피Gas Fee라고 부르기도 합니다. 최근에는 NFT를 임시로만 민팅해두고 실제 구매가 이루어질 때 실제 민팅이 진행되는 방식도 존재합니다('레이지Lazy 민팅'이라고 부르기도 합니다). 임시로 민팅하기 때문에 발행하는 사람이 네트워크 수수료를 지불하지 않아도 됩니다. 대신 첫 번째로 NFT를 구매하는 사람이 민팅에 필요한 네트워크 수수료를 같이 지불하는 방식입니다.

NFT를 발행할 때에는 발행하려는 이미지나 영상에 저작권 등의 이슈가 없는지 꼭 확인해야 합니다. NFT라고 해서 저작권의 영향을 받지 않는 것이 아니기 때문에 저작권을 소유하고 있는 작품에 대해서만 NFT 발행을 하는 것이 안전합니다.

NFT 게임을 통한 수익 창출(Play to Earn)

플레이투언Play to Earn이라는 말을 들어보셨나요? 예전에는 돈을 내고 게임을 했다면, 이제는 돈을 벌면서 혹은 돈을 벌기 위해 게임을 하는 시대가 오고 있습니다. 이런 게임과 트렌드를 플레이투언이라고 부릅니다.

물론 NFT 게임이 아니더라도 일부 게임들은 게임을 하면서 돈을 벌 수 있었습니다. 게임의 아이템이나 게임 계정을 팔아서 돈을 벌 수 있었죠. NFT 게임이 다른 점은 NFT 자체가 암호화폐로 거래할 수 있기 때문에 별도의 게임 아이템 거래 사이트를 이용하지 않고 돈을 벌 수 있다는 점입니다. 그리고 게임의 보상으로 암호화폐를 주기도 합니다.

플레이투언 트렌드를 확산시킨 대표적인 게임은 '엑시인피니티 Axie Infinity'가 있습니다. NFT로 이루어진 게임 캐릭터를 가지고 게임을 하면 SLP라는 암호화폐를 보상으로 받을 수 있는 게임입니다.

엑시인피니티의 성공 이후 플레이투언 게임들이 많이 나오고 있습니다. 2021년에 본격적으로 시작되었기 때문에 여기도 여전히 초기 시장이라고 볼 수 있습니다. 플레이투언을 넘어서 많은 액션이 보상이 되는 액션투언Action to Earn 시대가 오고 있다고 볼 수 있습니다.

NFT 프로젝트 초기 참여를 통한 투자

이 밖에도 많은 NFT 프로젝트들이 있습니다. 각각의 NFT 프로젝트들은 자신만의 로드맵을 가지고 개발하면서 커뮤니티를 만들어나가고 있습니다. 각 프로젝트의 로드맵을 분석하고, 직접 프로젝트에 참여하면서 수익을 창출할 수 있습니다.

이런 방법은 공부가 많이 필요하긴 하지만, 제대로 된 프로젝트를 초기에 잘 발견해서 참여하는 경우에 막대한 수익률을 낼 수 있다는 장점이 있습니다. 대신 그만큼 위험도 존재합니다. 초기 프로젝트에 투자하는 경우에는 프로젝트가 중간에 중단되거나 프로젝트 팀이 해체되는 경우, 투자한 자금을 잃을 수도 있는 위험이 존재합니다. 따라서 NFT 프로젝트 초기에 투자할 때는 프로젝트의 로드맵이나 개발팀 등에 대해 충분히 분석해보고 참여하는 것이 중요합니다.

NFT
표준화 동향

　NFT는 아직 초기 단계에 있습니다. 그만큼 앞으로 발전할 수 있는 여지가 많이 남았다는 뜻이기도 하죠. 이번에는 NFT의 기술이 얼마나 발전해 있는지를 NFT의 표준화 관점에서 살펴보겠습니다. 표준화가 되어 있을수록 NFT를 활용할 수 있는 방법이 다양해지므로 NFT의 표준화가 어떻게 진행되는지를 파악해보는 것이 중요하다고 생각합니다. 디앱 간에 혹은 메인넷 간에 NFT의 호환성을 높이기 위한 방향을 중심으로 NFT의 표준화가 어떻게 진행되고 있는지 알아보겠습니다.

NFT 투자의 정석

블록체인은 커뮤니티 중심으로 표준화가 진행된다

블록체인 분야에서 표준화가 어떻게 진행되어왔는지를 먼저 살펴보죠. 블록체인 이외의 분야에서는 보통 특정 표준화 단체나 기관을 통해 표준화가 이루어졌습니다. '블록체인' 하면 같이 따라오는 단어가 '탈중앙화'죠. 그래서 블록체인 분야에서의 표준화는 특정 기관에 의존하지 않습니다. 대신 커뮤니티 중심으로 표준화가 진행됩니다. 메인넷별로 생태계가 구성되는 것처럼 표준화도 각 메인넷들을 중심으로 진행됩니다. 대표적인 메인넷인 비트코인 메인넷과 이더리움 메인넷의 예시를 통해 블록체인 분야에서 표준화가 어떻게 진행되는지 살펴보겠습니다.

커뮤니티 중심의 표준화는 최초의 블록체인 메인넷의 경우 비트코인에서부터 시작되었습니다. 비트코인 커뮤니티에서는 누구나 비트코인을 개선시킬 수 있는 아이디어를 제안할 수 있어요. 그런 제안을 BIP, 즉 비트코인 개선 제안Bitcoin Improvement Proposals이라고 부릅니다. BIP가 제안된 순서에 따라 BIP-001, BIP-002와 같은 식으로 번호가 붙습니다. 제안 및 표준화는 공개된 메일링 리스트와 오픈소스 프로젝트의 소스코드 관리 툴인 깃허브를 통해 공개적으로 이루어집니다.

이더리움 또한 마찬가지로 비트코인과 비슷한 방식으로 표

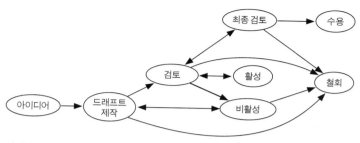

이더리움 개선 제안 진행 과정

준화가 진행됩니다. 누구나 이더리움에 대한 개선 사항을 제안할 수 있습니다. 제안된 내용은 공개적인 검토와 토의를 거쳐 이더리움 메인넷에 적용할지 여부를 결정하게 됩니다. 비트코인의 표준을 BIP라 부른다면, 이더리움의 표준은 EIPEthereum Improvement Proposals라고 부릅니다.

이더리움이 비트코인과 다른 점이 하나 있어요. 이더리움에서는 EIP와 별개로 ERC라는 것이 존재합니다. EIP가 개선 제안 내용이라면, ERC는 실제 구현을 위한 내용을 정리해놓은 것입니다. 이더리움은 스마트 컨트랙트가 동작하는 메인넷이라고 했었죠. 다양한 스마트 컨트랙트 및 디앱이 동작해야 하므로 호환성을 확보하는 것이 중요합니다. 그런 호환성을 보장하기 위해 ERC로 별도의 정리를 해놓은 거예요.

가장 대표적인 ERC로는 ERC-20이 있습니다. ERC-20은 이

NFT 투자의 정석

더리움 기반의 펀지블 토큰의 스마트 컨트랙트에 대한 표준 인터페이스입니다. 현재 이더리움 기반으로 발행된 거의 대부분의 펀지블 토큰은 ERC-20 표준을 따르고 있습니다. NFT의 스마트 컨트랙트도 ERC-721과 ERC-1155라는 이름으로 표준이 정의되어 있습니다.

각 메인넷별 NFT 표준 현황

이제 각 메인넷별로 NFT와 관련된 표준이 어느 정도 진행되고 적용되어 있는지 살펴보도록 하겠습니다. 이더리움 및 이더리움 호환 메인넷의 표준을 살펴보고 이더리움과 호환되지 않는 메인넷 중 몇 가지만 선택해 설명하겠습니다.

이더리움 및 이더리움 호환 메인넷

이더리움 기반의 NFT와 관련한 가장 기본적인 표준은 ERC-721입니다. ERC-721에서는 NFT에 대한 스마트 컨트랙트 인터페이스의 표준을 정의하고 있습니다.

ERC-721 표준에는 특정 주소가 가지고 있는 NFT 개수, 특정 NFT를 소유하고 있는 주소 등의 정보를 조회할 수 있는 인터페이스와 다른 주소로 NFT를 전송하기 위한 인터페이스 등이 정의되어 있습니다. 이런 인터페이스를 이용해 디앱이 NFT 스마트 컨트랙트와 통신하게 됩니다.

ERC-721 표준으로 발행된 NFT는 NFT 한 개마다 유일한 속성을 갖습니다. 그렇다면 같은 속성을 가진 NFT를 여러 개 발행하는 것은 불가능할까요? 예를 들어 같은 속성을 가진 게임 아이템을 100개 발행하고 싶을 수 있습니다. 이런 경우를 위한 NFT 표준이 ERC-1155입니다. ERC-1155에서는 같은 속성을 가진 토큰을 여러 개 발행할 수 있는 NFT 표준을 정의하고 있습니다.

NFT에는 속성을 담고 있는 메타데이터가 있다는 사실을 기억하고 계실 거예요. ERC-721과 ERC-1155에는 NFT의 속성을 표현하기 위한 메타데이터 관련 인터페이스도 정의되어 있습니다. 정확히는 메타데이터가 어디에 있는지에 대한 정보가 포함되어 있습니다. ERC는 스마트 컨트랙트의 표준이기 때문에 메타데이터의 위치만 온체인에 저장해놓는 구조라고 볼 수 있겠죠.

실제 NFT의 속성인 메타데이터는 스마트 컨트랙트 안에 저장되어 있는 것이 아니라 NFT 스마트 컨트랙트가 가리키고 있는 오프체인에 저장되어 있습니다. 물론 메타데이터를 온체인 위에 저장하고 해당 위치를 스마트 컨트랙트에 적어놓는 것도 가능하죠.

NFT 투자의 정석

ERC-721과 ERC-1155에는 메타데이터의 구조에 대해서도 정의되어 있습니다. NFT의 이름, 설명, 이미지의 위치, 부가 속성 properties 정도만 정의되어 있으며, 상세한 부가 속성에 대한 인터페이스는 정의하지 않고 있습니다. NFT에 들어갈 수 있는 속성은 무엇을 NFT로 발행하느냐에 따라 달라질 수 있기 때문에 NFT 활용에 대한 자유도를 높이기 위한 결정이라고 볼 수 있습니다.

솔라나 메인넷

솔라나는 기본적으로 SPLSolana Program Library이라 불리는 인터페이스를 기반으로 토큰이 발행됩니다. 이더리움 메인넷은 메타데이터의 위치 정보만 온체인에 저장하고 있었죠. 솔라나의 경우에는 기본적인 메타데이터는 온체인에 저장되어 있고, 부가 속성만 오프체인에 저장하는 구조를 가지고 있습니다.

온체인에 저장되어 있는 기본 메타데이터에는 NFT의 이름, NFT 발행자, 발행자에 대한 로열티 같은 항목이 포함됩니다. NFT 발행자에 대한 로열티가 NFT의 기본 메타데이터로 포함되어 있다는 점이 다른 메인넷과 차별되는 큰 특징입니다. 기본 메타데이터 이외의 이미지나 NFT 부가 속성과 같은 항목은 기본적으로 오프체인에 저장됩니다.

플로우 메인넷

플로우는 NFT 활용을 주목적으로 만들어진 블록체인 메인넷입니다. 플로우 기반 NFT 스마트 컨트랙트 표준에 존재하는 특징은 NFT를 대여할 수 있는 인터페이스가 NFT 스마트 컨트랙트 인터페이스에 포함되어 있다는 점입니다.

플로우는 NFT를 위한 메인넷답게 NFT의 스마트 컨트랙트 표준뿐만 아니라, NFT 마켓플레이스를 위한 인터페이스까지 정의되어 있습니다. NFT를 어느 마켓플레이스에서 거래하든지 간에 마켓플레이스 간 호환성을 보장하기 위한 기능이라고 볼 수 있어요.

플로우 기반 NFT에 대한 메타데이터는 아직 정확한 표준 인터페이스가 정의되지 않았습니다. 메타데이터 표준은 NFT의 활용성에 대한 자유도와 디앱 간 호환성 사이에 트레이드오프가 존재하기 때문인 것으로 보입니다.

스택스 메인넷

스택스 기반 NFT 스마트 컨트랙트 표준은 스택스 개선 제안 중 하나인 SIP-009에 정의되어 있습니다. 스마트 컨트랙트 표준에는 기본적인 전송을 위한 인터페이스와 메타데이터의 위치 정보가 포함되어 있습니다.

스택스도 플로우와 마찬가지로 메타데이터에 대한 표준은 아직 정의되어 있지 않으며, 관련한 논의가 진행 중입니다. 스택스 메인넷의 특징이라면, 메인넷의 자체 기능에 NFT 관련 정보를 쉽게 조회할 수 있도록 되어 있다는 점입니다.

현재의 NFT 표준으로 할 수 있는 일들

각 메인넷의 NFT 표준 현황을 살펴본 바와 같이, 대부분의 메인넷에서 NFT의 스마트 컨트랙트에 대한 표준은 잘 정의되어 있습니다. 하지만 아직 메타데이터에 대한 표준은 호환성을 확보할 만큼 정의되지 않았습니다. 현재의 표준으로도 다음과 같은 일들은 지금도 가능합니다.

지갑에서 NFT 관리

NFT 스마트 컨트랙트에 대한 표준이 잘 정의되어 있고 기본적인 메타데이터를 얻어올 수 있기 때문에 지갑에서 각 메인넷 기반의 NFT에 대한 관리하는 것이 가능합니다. 즉 지갑에서는 NFT의 스마트 컨트랙트 주소 정보만 알고 있으면 해당 스마트 컨트랙트로 발행된 NFT를 보여주고 전송하는 등의 관리가 가능하다는 뜻입니다.

다른 종류의 메인넷 블록체인 간 NFT의 이동

각 메인넷별로 스마트 컨트랙트를 구현하기 위한 프로그래밍 언어는 다르지만, 각 NFT 스마트 컨트랙트 인터페이스가 제공하는 기본 기능이 비슷하므로 메인넷 간에 NFT를 이동하는 것도 가능할 것 같습니다. 현재 일반적인 펀지블 토큰은 브릿지를 통해 다른 메인넷으로의 이동이 가능합니다. NFT 또한 같은 방식으로 한쪽 메인넷에서 다른 메인넷으로 이동하는 것이 가능합니다. 하지만 앞서 말씀드린 것처럼 아직 NFT에 대한 브릿지가 보편적으로 존재하지 않는 상황입니다.

아직 현재의 NFT 표준으로 할 수 없는 것들

앞서 살펴본 것처럼, 현재까지는 NFT의 속성을 나타내기 위한 메타데이터의 규격은 잘 정의되어 있지 않은 편입니다. 서비스 확장성과 호환성을 보장하기 위한 표준은 아직 초기 단계라는 것이죠. 물론 전체적으로 NFT 시장 자체가 초기 단계이긴 합니다. 다음과 같은 호환성을 확보하기 위해 표준화가 더 발전할 것으로 보입니다.

디앱 간에 NFT의 호환성 확보

NFT로 발행된 게임 아이템이 하나 있다고 생각해볼게요. 그 게임 아이템이 자동차 아이템이라고 해보죠. 그 자동차 NFT를 가지고 레이싱 게임에서 자동차 경주에 사용할 수 있을 거예요. 다른 RPG 게임에서는 이동 수단으로 그 자동차 NFT를 사용할 수도 있겠죠.

이렇게 다른 종류의 디앱에서 하나의 NFT를 같이 활용하기 위해서는 메타데이터의 표준화가 필요합니다. 표준화가 되어 있지 않다면, 디앱 간에 호환성을 확보하기 위해 NFT의 메타데이터 정보를 일일이 통합해야 하는 장벽이 생깁니다.

NFT 마켓플레이스 간의 호환성

오픈씨나 라리블과 같은 몇몇 NFT 마켓플레이스들은 내가 가진 콘텐츠(이미지나 영상)를 가지고 NFT를 발행할 수 있는 기능을 제공하고 있습니다. 일종의 디지털 아트를 NFT로 발행할 수 있는 기능이라고 볼 수 있어요. 이런 기능을 이용하면, NFT를 발행하면서 창작자의 수수료를 설정할 수 있습니다. 만약 창작자가 수수료를 10%로 설정했다면, NFT가 거래될 때마다 거래 대금의

10%를 창작자가 받는 식이에요.

　이러한 NFT 유통 과정에 있어서 창작자가 수수료를 받을 수 있다는 점은 NFT를 이용해 창작하는 사람들에게 중요한 매력 포인트로 작용합니다. 그래서 사람들이 디지털 아트를 NFT로 발행하는 것에 대해 관심이 많은 것 같기도 합니다. 하지만 이런 기능을 제공하기 위해 마켓플레이스의 스마트 컨트랙트에 의존해야 합니다. A 마켓플레이스에서 발행한 NFT를 B 마켓플레이스에서 판매한다고 해볼까요? 이런 경우에 두 마켓플레이스 간의 연동이 되어 있지 않다면 창작자에 대한 수수료를 받지 못하는 경우가 생깁니다. 마켓플레이스 간의 호환성을 확보하기 위한 표준이 생긴다면 NFT의 유통이 좀 더 자유롭게 일어날 수 있을 것으로 보입니다.

웹3.0과
NFT의 미래

이 책을 읽고 계시다면 당연히 아시는 것처럼 NFT는 블록체인을 기반으로 하는 기술입니다. NFT의 미래는 블록체인 기술의 미래와 연관성이 높죠. 블록체인을 이용한 메가트렌드를 먼저 살펴보면서 NFT가 어떻게 발전하게 될 것인지를 알아보도록 하겠습니다.

참여의 인터넷을 넘어 소유의 인터넷으로: 웹3.0

웹1.0에서는 대부분의 사람들이 인터넷에 있는 정보를 소비하기만 했습니다. 웹2.0으로 넘어오면서 소비자들이 콘텐츠의 생산자가 되기 시작했어요. 그리고 웹3.0으로 넘어가면서 소유의 인터넷으로 진화하고 있습니다. 그 중심에는 블록체인과 NFT가 자리 잡고 있고요.

지금 우리에게 익숙한 많은 서비스가 있죠. 유튜브를 볼까요. 우리가 올리는 수많은 영상은 얼핏 보면 우리가 소유하고 있는 것 같지만, 사실 유튜브를 운영하는 회사가 소유하고 있습니다. 만약 유튜브를 운영하는 구글에서 정책 위반 등의 이유로 제 아이디 접근을 차단한다면, 저는 더 이상 유튜브에서 활동할 수 없게 됩니다. 실질적으로는 구글이 소유하고 있는 것이죠. 웹3.0에서 이루고자 하는 건 그런 소유권을 사용자에게 돌려주자는 것입니다. 그런 소유권을 NFT와 블록체인을 이용해서 할 수 있다는 것이죠.

아직 웹3.0은 개념만 있을 뿐 실질적인 서비스들이 구축되어 있는 것은 아닌 것 같습니다. 굉장히 초창기의 실험적인 서비스만 있을 뿐이에요. 하지만 이미 블록체인 기술이 우리 삶에 깊이 스며들어 있으므로 웹3.0의 발전은 빠르게 일어날 것 같습니다.

NFT 투자의 정석

웹3.0에서의 새로운 조직 구조: 다오

웹3.0 시대에는 조직의 모습도 변화하게 될 가능성이 높습니다. 좀 더 직접 민주주의의 형태로 발전하기 위한 많은 시도가 이루어지고 있어요. 그런 조직 구조를 다오DAO라고 부릅니다. 다오에서는 앞서 이야기한 커뮤니티가 중요합니다. 커뮤니티 중심의 조직 구조라고 할 수 있거든요. 블록체인을 기반으로 한 디앱 서비스가 발전할수록 새로운 조직의 형태인 다오를 채택하는 케이스도 많이 생길 것 같습니다. 내가 소유한 만큼 참여 권한이 생기고 참여한 만큼 이익을 분배받을 수 있는 방법들이 생기는 것이죠.

NFT와 마찬가지로 다오도 아직 실험적인 단계에 있습니다. 앞으로 점차 다양한 모습의 다오 조직이 생겨나게 될 것 같습니다.

앞으로 NFT는 어떻게 발전할 것인가?

지금 NFT는 아주 극초기라고 볼 수 있습니다. 인터넷이 나오기 전의 PC 통신 시절과 비슷하다고 볼 수 있어요. 다양한 아이디어들이 나오고 있긴 하지만, 실제로 만들어지고 있는 것은 원시적인 수준입니다. 단순히 디지털 아트를 NFT화하거나 픽셀 아트를 아바타로 쓰는 수준에 머물고 있습니다.

그리고 하나의 프로젝트에서 만든 NFT를 다른 프로젝트에서 사용하지도 못하고 있어요. NFT는 결국 다른 디앱들 간에 호환성을 확보하게 될 것입니다. 하나의 게임에서 사용하던 게임 아이템을 다른 디앱에서는 입장권으로 사용하거나 대출을 받기 위한 담보로 사용될 수 있겠죠.

대출은 금융의 영역입니다. 블록체인을 이용한 금융 서비스를 디파이라고 부릅니다. NFT를 담보로 대출을 받으려는 시도는 NFT와 디파이를 연결하려는 시도입니다. NFT와 디파이를 연결하려는 시도 또한 초기 단계입니다. 디파이가 더 확산되면 NFT와 디파이를 결합하려는 시도도 더 많이 나오게 될 것 같아요. 디파이와 NFT를 같이 주목해야 하는 이유입니다.

결과적으로 아직은 NFT를 활용할 수 있는 분야가 제한적입니다. NFT는 유무형의 자산을 토큰화하기 적합한 기술이라고 설명드렸죠. NFT의 활용성이 높아지는 방향으로 발전하는지 그 트렌드를 따라가 보는 것이 중요하다고 봅니다.

Non-Fungible Token

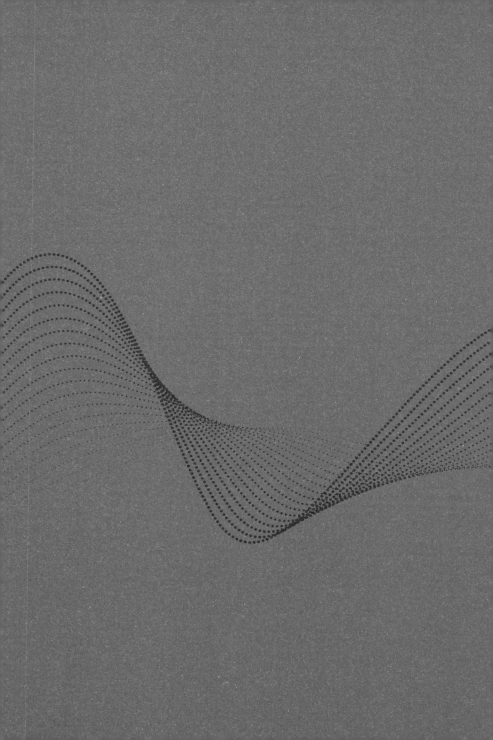

PART 2

투자 대상으로 NFT를 바라본다는 것:

전통 금융시장을 뒤흔들고 새로운 가치를 만들어내는 NFT의 잠재력 살펴보기

임동민_교보증권 이코노미스트

2006년부터 지금까지 매일 금융시장에서 나타나는 현상을 경험하고, 실물경제를 분석하며, 시장과 경제에 대한 단기 및 중장기 전망을 제시해왔다. 전통적인 실물경제, 금융시장뿐만 아니라 디지털금융 및 포용금융, ESG 투자, 블록체인 및 암호자산 등 새로운 트렌드에 관심이 많다. 저서로는 《앞으로 10년, 세상을 바꿀 거대한 변화 7가지》, 《부의 대전환, 코인전쟁(공저)》, 《넥스트 파이낸스(공저)》 등이 있다.

NFT, 비트코인 등장 다음의 충격

또다시 놓칠 것인가, 기회를 잡을 것인가?

NFT라고 했을 때 개인적으로 떠오르는 소회가 있습니다. 2017년 12월 15일 열린 16회 서울 이더리움 밋업Seoul Ethereum Meetup의 주제는 'CryptoKitties, Decentraland, Market Outlook, Solidity Techniques'였습니다.* 저는 당시 〈블록체인 크립토 시장의 개요: 탈중앙화 사이클에 대한 투자Blockchain

---

* 16회 서울 이더리움 밋업 행사 참조, https://www.meetup.com/Seoul-Ethereum-Meetup/events/245564390

Crypto Market Overview-Investment on Decentralized Cycle〉라는 제목으로 비트코인, 이더리움 등 크립토커런시*를 매입하는 것은 탈중앙화 경제 사이클에 투자하는 것이라고 설명했습니다.

그러나 제가 발표하기 전에 더 흥미롭고 중요한 발표가 있었습니다. 바로 〈Decentraland by Kieran Farr〉, 〈CrytoKitties and Crypto-Colletibles〉였는데, 약 4년이 지나 NFT에 관한 책을 집필하면서 그 기억이 떠올랐습니다. 당시는 이 프로젝트를 이해하고 흡수하지 못했으나, 지금 다시 살펴보니 이러한 내용들이 눈에 띄었습니다.

"디센트럴랜드Decentraland는 이더리움 블록체인으로 구동되는 가상 현실 플랫폼으로, 사용자는 콘텐츠와 애플리케이션을 만들고 경험하며 수익을 창출할 수 있다. 디센트럴랜드의 LAND는 커뮤니티가 영구적으로 소유하고 있어 커뮤니티가 자신의 창작물을 완전히 제어할 수 있다. 사용자는 블록체인 기반의 분산원장에서 가상 토지의 소유권을 증명한다. 토지 소유자는 일련의 직교 좌표(x, y)로 식별되

---

* Cryptocurrency의 한국어 표기는 가상화폐, 암호화폐, 가상자산, 암호자산 등으로 쓰이나 용어의 혼동이 큼. 필자가 말하고자 하는 Cryptocurrency는 블록체인, 암호화, 탈중앙화 철학과 기술이 적용된 가상화폐를 의미하며, 혼동을 피하기 위해 '크립토커런시'로 표기함.

는 토지 부분에 게시되는 콘텐츠를 제어한다. 콘텐츠는 정적 3D 장면에서 게임과 같은 대화형 경험에 이르기까지 다양하다."**

"크립토키티는 이더리움 블록체인을 기반으로 구축된 수집 가능한 디지털 고양이다. 이더리움을 사용하여 디지털 고양이를 사고팔 수 있으며 여러 특성과 다양한 특성을 가진 새로운 고양이를 만들기 위해 사육할 수 있다. 두 개의 크립토키티가 번식하여 부모의 유전적 조합인 새로운 고양이를 생산할 수 있다. 크립토키티의 새롭고 희귀한 유전자 구성의 가능성은 무한하다. 각 번식 쌍에서 고양이 한 마리가 종자의 역할을 하며 다시 번식하기 전에 회복 기간을 갖는다."***

디센트럴랜드와 크립토키티는 최근 NFT 프로젝트 중 2022년 1월 7일 거래량 기준 각각 9위와 54위를 차지하고 있습니다.***

되짚어보면 디센트럴랜드와 크립토키티는 매우 중요한 NFT의 초기 프로젝트였던 것입니다. 2017년 말 디센트럴랜드와 크립토키티를 흘려보내고, 2022년 초 NFT에 관한 책을 쓰는 지금

---

* NonFungible.com, decentraland, https://www.nonfungible.com/market/history/decentraland

** NonFungible.com, cryptokitties, https://www.nonfungible.com/market/history/cryptokitties

*** Top projects dashboard, https://www.nonfungible.com

은, 마치 2013년 즈음에 비트코인을 처음 접했을 때 흘려보내고 2017년 말 블록체인과 크립토커런시에 대해 리서치했던 때와 유사한 느낌입니다. 흥분되면서도 씁쓸한 기분이죠. 2017년 블록체인의 원리를 구현했던 비트코인을 접한 뒤 제가 2013부터 지난 4년간 무지했음을 알고 충격을 받았었기 때문입니다. 이후 블록체인과 크립토커런시에 대한 관심을 이어왔는데, NFT도 그때와 같은 큰 변화의 중심이 될 것임이 틀림없어 보입니다.

저는 15년 넘게 증권시장을 다루는 애널리스트로서 경제와 시장을 바라봐 왔습니다. 즉 결국 '새로운 경제적 흐름과 현상들이 주식과 채권 등 증권시장의 가치와 가격에 어떻게 영향을 주고, 거래될 것인가?'에 초점을 맞춥니다. NFT에 대해서도 애널리스트의 측면에서 분석을 시도하고자 합니다.

한편 NFT는 재무적 성과가 네트워크 가치 등 전통적인 방식의 가치평가로 바라보기 어려운 측면도 있습니다. 이는 다름이 아니라 NFT로 소유를 증명하는 디지털 저작물 자체가 재무적 성과를 비롯한 가치 형성을 목적하지 않을 수도 있기 때문입니다. 보다 순수하게 NFT 현상을 바라볼 필요도 있어 보이는데, 개인적으로 1990년대 제가 중·고등학교 시절, 대중문화 콘텐츠를 소비했던 경험을 떠올려 NFT의 내러티브를 설명해보고자 합니다.

NFT는 30~40대의 나와 10~20대의 나를 동시에 떠올리며 세상을 바라보게 하는 하나의 계기가 되었습니다. 30~40대의 나는 경제적 가치와 재무적 성과의 렌즈로 세상을 바라보는 애널리스트이고, 10~20대의 나는 오락(초등학교 때는 닌텐도의 〈슈퍼 마리오〉, 중고등학교 때는 오락실의 〈스트라이커즈 1945〉)을 즐기고, 만화책(《아이큐점프》의 〈드래곤볼〉 연재와 〈슬램덩크〉 단행본)과 스포츠(기아자동차의 허재·강동희·김유택 트리오, LG 트윈스의 김용수·이상훈, 시카고 불스의 마이클 조던, LA 다저스의 박찬호가 나의 영웅이었다)를 즐기며, 대중음악(넥스트와 015B의 싱글 또는 앨범)을 적극 소비한 청소년이었습니다. 바로 지금의 GEN Z 세대처럼 말입니다. 21세기에 들어선 NFT와 20세기 막바지에 제가 경험한 문화는 어떤 것이 유사하고 다를까요? 만약 '10~20대 때 NFT가 있었다면 나의 이러한 경험과 소비가 투자로 이어질 수 있었을까?' 하는 질문을 해보려고 합니다(이에 대한 스스로의 답은 에필로그에 있습니다).

어찌 보면 NFT를 통해 새로운 경제 생태계가 탄생하는 것을 개인적으로 다른 시각에서, 그리고 긴 호흡으로 바라본 계기가 된 것 같습니다. 그런데 이것은 바로 투자에 대한 본질적인 접근입니다. 투자는 과거와 현재를 바탕으로 미래를 위해 더 나은 가치 창출에 자본을 투하하는 것이기 때문입니다. 저의 이러한 시도가 부디 NFT를 바라보는 독자 여러분께도 도움이 되길 바랍니다.

NFT의 정의와 기능

이 책의 파트 1에서 언급된 것처럼 NFT는 'Non-Fungible Token'의 약자로 대체 불가능한 토큰으로 번역됩니다. 조금 더 쉬운 우리말로 바꾸면 고유한 징표가 될 것입니다. 즉 NFT라는 개념에는 고유성과 거래 수단이 되는 징표라는 본질적 의미가 담겨 있습니다.

블록체인과 크립토커런시에 관심이 있는 분들은 토큰이라는 의미는 이미 잘 아실 텐데요. 그래도 NFT에서 토큰의 의미를 다시 한번 살펴봅시다. 토큰이란 본래 징표, 형식물이라는 뜻에서 유래해 상품이나 서비스의 교환권을 의미하는 단어입니다. 저는 토큰이라 하면 중학교 시절이 떠오릅니다. 당시 저는 버스를 타기 위해 회수권을 사용했는데, 어른들은 토큰을 사용했습니다. 버스비로 동전을 사용해도 되었지만, 학생들이 회수권을 사용하고 어른들이 토큰을 사용하는 것은 보관하기도 좋고, 사용하기

시내버스 토큰과 중고생 시내버스 회수권(자료: 나무위키)

NFT 투자의 정석

도 편했기 때문일 겁니다. 버스라는 특정한 서비스를 한 번 사용하는데 말입니다. 토큰은 특정한 사용에 특화된 거래 수단이 되는 징표입니다.

NFT의 대체 불가능이라는 특성이 가지는 의미는 무엇일까요? 저는 대체 불가능성의 의미를 가장 잘 표현한 것은 어른을 위한 동화라고 불리는 생택쥐페리의 《어린 왕자》 속 여우인 것 같습니다. 여우는 친구를 찾고 있는 어린 왕자에게 이렇게 얘기합니다.

"지금 내가 보기에 당신은 아직 수많은 다른 소년들과 별로 다를 게 없는 어린 소년에 불과하지요. 그래서 나는 당신이 없어도 괜찮아요. 당신 또한 내가 없어도 괜찮고요. 당신이 보기에 나는 수많은 여우와 다른 게 없으니까요. 그러나 만일 당신이 나를 길들인다면 우리는 서

서로에게 대체 불가능한 존재인 어린 왕자와 여우(자료: 핀터레스트)

로 필요하게 돼요. 당신은 나에게 있어 이 세상에서 단 하나의 유일한 존재가 될 것이고, 당신에게 있어 나 역시 이 세상에서 유일한 존재가 될 겁니다."

어린 왕자와 여우가 인연을 맺는다면 어린 왕자는 여우에게, 여우는 어린 왕자에게 단 하나의 유일한, 대체 불가능한 존재가 될 것입니다.

또 하나의 예를 들자면 각 인격체와 이름입니다. 제 이름은 임동민입니다. 네이버 검색 창에 임동민을 검색하면, 대한민국의 세계적인 피아니스트가 가장 먼저 나옵니다. 같은 이름의 다른 인물들도 검색되네요. '임동민'이라는 이름은 유일하지 않습니다. 하지만 지금 이 글을 쓰고 있는 임동민은 이 세상에 단 하나의 유일한, 대체 불가능한 존재인 것입니다. 누군가가 나라는 사람을 "동민아"라고 불렀을 때, 바로 고유한 존재로서 불리는 것일 테지요.

NFT는 화폐적 성격을 가진 토큰에 고유한 가치를 지닌 유무형 자산에 정체성을 부과하는 것을 말합니다. 교통카드가 존재하지 않던 시절에 동전 대신 편리하게 사용한 버스 토큰에, 단순히 버스를 타는 기능 이외에 존재와 연결의 고리를 증명해 고유하고 대체 불가능한 관계를 설정할 수 있게 됩니다.

블록체인과 크립토 및 토큰화 금융의 측면에서 NFT를 정의해 본다면, NFT는 블록체인 기술을 활용한 토큰에 고유한 유무형 자산의 인증과 소유권 증명을 결합해 대체 불가능한 토큰을 발행하고 유통시킬 수 있는 기술이자 시장입니다. 그리고 NFT의 프로그래밍을 통해 NFT의 생성과 거래 시 스마트 계약을 이행시킬 수 있게 됩니다. 즉 NFT는 블록체인과 암호자산, 그리고 대체 불가능한 특성의 교집합을 갖고 새로운 활동과 연결·지불과 투자를 가능하게 합니다. 또 이러한 NFT 기술과 금융은 디지털과 크립토 시장, 그리고 앞으로 닥칠 메타버스Metaverse 환경에서 이전과는 다른 활동과 가치를 창출하게 될 것입니다.

NFT가 불러온
화폐 혁명

NFT의 화폐 기능

제가 NFT를 처음 접했을 때 그 새로움에 크게 공감한 것은 '유일무이한 고유 화폐'라는 점이었습니다. 이는 주류경제와 금융이론을 크게 뛰어넘는 화폐에 대한 새로운 정의였기 때문이죠.

화폐는 일반적으로 ① 교환의 매개, ② 가치의 척도, ③ 가치의 축적 기능을 수행한다고 정리되어 있습니다. 화폐는 재화와 서비스를 교환하는 매개물로 물물교환 이상의 다중교환 가치 또는 가격의 척도를 제공합니다. 또한 미래의 재화나 서비스를 소비하

NFT 투자의 정석

기 위한 예비 수단으로 소유하게 됩니다. 이러한 화폐 기능에 의해 실물경제와 금융활동이 이뤄지죠.

그러나 일반적인 화폐는 무차별합니다. 10년 전에 발행된 1만 원권이나 최근 2022년에 발행된 1만 원권이나 액면이 표시된 화폐의 구매력은 무차별하기 마련입니다. 그리고 현금으로 보유하든, 은행 계좌상에 있든 본질은 차이가 없습니다. 이러한 특징은 블록체인과 암호화 및 탈중앙화 철학과 기술에 의해 거래의 신뢰성이 보장되는 비트코인BTC, 이더ETH 등 크립토커런시도 같습니다. 10년 전에 채굴했던 비트코인이나 얼마 전 가상자산거래소에서 구매한 비트코인이나 차이가 없는 것처럼 말이죠. 물론 크립토커런시의 경우 거래 내역이 따라붙는다는 점이 법정화폐와 다르다는 차이점이 있습니다.* 그러나 법정화폐나 크립토커런시는 고유하지 않아서 대체 가능합니다.

이는 화폐와 신용 및 토큰의 기능과 활용에 있어 매우 중요한 특징을 제공하게 됩니다. 대체 가능한 화폐, 신용 및 토큰은 고유하지 않아 정체성이 없어 ① 교환의 매개, ② 가치의 척도, ③ 가치의 축적 등 일반적인 화폐와 금융의 기능을 제공하는 데 용이합니다. 화폐가 특정하지 않기 때문에 교환의 매개를 용이하게

---

* 법정화폐의 경우도 거래 내역이 존재하지만 공개적으로 살펴볼 수 없다는 점에서 차이가 있음.

하고, 화폐의 내재가치가 존재하지 않기 때문에 재화나 서비스
의 가치 척도를 절대적 기준으로 제시할 수 있다는 것입니다. 또
한 지갑이든 금고든 상관없고, 소비 계정이든 투자 계정이든 구
분 없이 미래의 소비를 위한 가치의 축적에 용이하다는 뜻입니
다. 반대로 화폐가 고유한 특징을 가져 대체 불가능하다면 교환
의 매개, 가치의 척도, 가치의 축적 기능을 제공하기에는 부적합
하다고 볼 수 있습니다.

화폐 거래에 의미를 부여하기 시작하다

그런데 간혹 사람들은 화폐를 주고받을 때 의미를 부여하고 싶
어 할 때도 있습니다. 새뱃돈을 생각해봅시다. 구매력은 비록 무
차별하더라도 새뱃돈이라는 새로운 의미를 부여하기 위해 사람
들은 구권보다는 신권을 찾게 됩니다. 새뱃돈을 줄 때, 엽서 같
은 것을 통해 마음과 정성을 동시에 전달하는 것도 일종의 화폐
거래에 의미를 부여하는 행위입니다. 특별한 기념일에 발행되는
우표나 주화 같은 것들도 일종의 징표가 화폐에 특별한 의미를
부여하는 것입니다.

디지털 온라인 거래에서 사용자들의 이러한 니즈는 더욱 확대

되는 모습을 보입니다. 무미건조한 온라인 계좌이체에 의미를 부여하고자 사용자 경험을 제공하는 모바일 결제 앱들이 등장한 것을 보면 알 수 있습니다. 대표적인 서비스가 중국 위챗페이의 빨간 봉투Red packet 온라인 상품 출시, 미국 벤모◉의 메시징 이체 서비스, 한국 카카오의 선물하기 등이 될 것입니다.

위챗페이는 중화권에서 명절 때 행운을 전달하는 의미로 소액의 돈을 빨간 봉투에 담아주는 전통 의식에 착안하여 온라인 이체 상품을 출시했고, 당시 알리페이가 독과점하고 있던 모바일 결제시장에 파장을 일으켰습니다.

한국인은 '카카오 선물하기'를 통해 이러한 사용자 경험을 체험해보았을 겁니다. 카카오 선물하기는 마음을 전달하고 싶지만 온·오프라인으로 메시징을 전달하거나 선물을 보내기 어려운 상황에서 기지를 발휘하도록 합니다. 커피 기프티콘 같은 것과 함께 간략한 메시지를 전달하면 되니 말입니다. 돈만 보낸다면 무미건조했을 텐데, 메시징을 더해 의미를 전달하는 것입니다. 현재 카카오 선물하기는 진화에 진화를 거듭해 메시지를 담아내는 이미지가 더욱 다양해지고 있는 것으로 보입니다.

> **벤모Venmo**
>
> 송금 서비스를 제공하고 있는 미국의 핀테크 기업. 개인 간 모바일 결제뿐 아니라 소셜네트워크 기능까지 통합한 모바일 앱을 출시하여 큰 인기를 끌었다. 현금 없는 사회에 익숙한 뉴요커들 사이에 "벤모해!"라는 말이 신조어로 떠올랐을 정도임.

크립토커런시를 통한 이체와 트랜잭션도 마찬가지입니다. 무미건조한 화폐 거래나 트랜잭션이 아닌, 특별한 의미를 담은 거래 내역을 투명하고 불가역적인 블록체인에 기록한다면 그것은 고유하고 대체 불가능한 거래와 기록이 될 것입니다.

사토시 나카모토는 2009년 비트코인 네트워크에서 생성된 첫 번째 제네시스블록Genesis Block에 'The Times 03/Jan/2009 Chancellor on brink of second bailout for banks(더 타임스 2009년 1월 3일 은행의 두 번째 구제금융을 앞둔 재무장관)'이라는 메시지를 기록했습니다. 사토시 나카모토에 의해 기록된 이 메시지는 2008년 글로벌 금융위기 이후 중앙기관에 대한 신뢰성을 잃은 당시 상황을 보여줍니다. 이는 사토시 나카모토가 비트코인 프로젝트를 시작하게 된 동기로 추정되기도 했습니다. 이후 비트코인이 탈중앙화된 화폐 거래와 금융 시스템에 대한 강력한 내러티브narrative를 갖추게 된 불가역적이고 대체 불가능한 거래 기록이 되었습니다.

2018년 4월 이더리움 블록체인 미투Me Too 운동 글이 올라와 화제가 되었던 일도 있었습니다. 중국 베이징대학의 한 학생이 온라인 검열을 피해 성폭행 사건을 이더리움 블록체인에 기록한 것입니다. 웨신Yue Xin이라는 이름의 학생은 이더리움에 이더ETH를 전송하면서 16진법으로 된 메모를 입력했는데, 이 메모를

UTF-8[*]으로 전환하면 '베이징대
의 선생과 학우들에게'로 시작하는
글이 나옵니다.

"1998년, 베이징대는 21살 대학생
을 성폭행한 혐의를 받은 남성 교수를 사임케 했다. 피해 학생이 자
살로 생을 마감하면서다. 학교 측은 단지 '사임'으로 죽음으로 이어
진 성폭력 사건을 종결지었다. 이에 8명의 학생이 과거 사건에 대한
정보 공개를 학교 측에 요청했으나 학교 측은 사임 사실 이외의 정보
를 공개하지 않았고 정보공개청구서를 제출한 학생들을 압박했다고
한다. 이러한 상황에 대해 웨신은 이더리움 전송 메모에 기록했고 전
세계 네트워크를 타고 퍼져 이더리움 블록체인에 저장됐다."[*]

이것은 중국의 미투 운동이 이더리
움의 탈중앙화된 방식의 트랜잭션[*]에
메시지를 기록해 당국의 SNS 검열을
피해 블록체인에 박제된 사례로 화제
가 되었습니다.

---

* 김열매, 〈블록체인 이상과 현실, 어디쯤 와 있나〉, 한화투자증권 리서치,
2018년 5월.

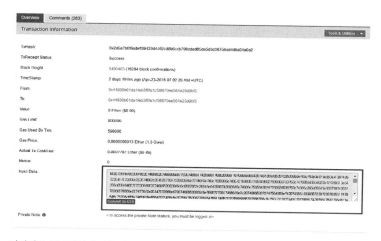

이더리움 블록체인에 기록된 중국 미투 운동 사건(자료: Etherscan.com)

앞서 언급한 대로 디지털과 크립토 세계의 이용자들은 무미건조한 화폐 거래 이상의 의미를 부여하고자 하며, 이러한 니즈는 계속 커지고 있습니다. 온라인, 그리고 탈중앙화된 앱들은 각기 화폐 거래 혹은 트랜잭션에 부가적 기능을 제공하는 쪽으로 진화해왔습니다.

그런데 NFT는 이러한 움직임에서 한발 더 나아갑니다. NFT는 화폐적 성격을 가진 토큰에 유무형 자산의 고유성, 희소성, 정체성을 부여합니다. 고유하고, 희소하며, 정체성을 지니게 되는 디지털 토큰인 NFT가 새로운 거래와 연결, 그리고 새로운 가치의 경제 생태계를 구축할 잠재력을 지니고 있는 것은 당연합니다.

NFT는 화폐의 기능 중 ① 교환의 매개, ② 가치의 척도, ③ 가치의 축적에 더해 ④ '가치의 정체'라는 새로운 기능을 제공하는, 이른바 화폐의 혁명 과정으로 보이기 때문입니다.

NFT의 역사

저는 2017년부터 애널리스트로서 블록체인 현상과 크립토커런시 시장을 추적하고 있습니다. 실물경제와 전통 금융시장에 대해서는 '분석해오고 있다'는 표현을 써도 좋겠지만, 블록체인과 크립토커런시 시장에 대해서는 분석이라기보다는 '흐름을 추적해오고 있다'는 표현이 적절할 것 같습니다. 프로젝트의 개발과 사업 및 생태계 구축, 확장의 잠재성은 높지만 여전히 진행 중인데다 새로운 시도와 적용이 바로 공개된 자본과 금융시장의 영역에서 진행되고 있어 여전히 미지의 세계이기 때문입니다. 다만 최근에는 전통적인 신기술 섹터들의 인공지능, 머신러닝, 메타버스로의 전환이 숨 가쁘게 전개되고 있어 주목할 만합니다. 흥미로운 것은 블록체인과 크립토커런시는 자금 조달과 발행시장, 성장자본 및 기업공개와 유통시장의 주기가 빠르게 전개된다는 것입니다.

NFT도 역시 마찬가지입니다. 앞서 밝혔지만 2017년 말~2018년 초 크립토키티를 통해 NFT의 초기 시도를 경험한 바 있습니다. 당시 비트코인의 개인 간 전자화폐 시스템, 이더리움의 차세대 스마트 컨트랙트와 탈중앙화 애플리케이션 플랫폼을 이해하기도 벅찼으므로 NFT에 대해서는 살펴보지 못했죠. 2018~2019년 크립토커런시의 중기 소강 국면에서는 메타(구 페이스북)와 디엠(구 리브라)이 구상한 스테이블코인과 중국의 CBDC 등에 주목했습니다.

2020년 초에는 코로나19 팬데믹이 실물경제와 금융시장 전체를 휩쓸었고, 팬데믹은 블록체인과 크립토커런시 시장에도 큰 영향을 미쳤습니다. 전통 통화 및 금융시장 측면에서는 제로금리와 자산매입 시대를 다시 열었으며, 자발적인 사회적 거리두기와 강제적 이동 제한 및 봉쇄가 실시되면서 디지털 대전환과 언택트 비즈니스가 가속화되었기 때문입니다. 2020년 들어 미국과 유럽 등 선진국에서 개인들의 모바일 앱을 통한 주식 및 코인 투자가 확대되면서 위험자산의 빠르고 강한 호황기가 도래하였습니다. 이와 동시에 비트코인, 이더리움 등 크립토커런시에 보다 안정적이고 장기적인 방식으로 투자하는 '금융 비히클'이 나타나면서 크립토커런시에 대한 투자가 크게 고조되었습니다. 2020년에는 탈중앙화 금융 프로토콜, 소프트웨어, 서비스인 디파이DeFi 호황이

NFT 투자의 정석

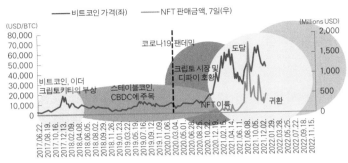

2017년 이후 크립토시장과 NFT 웨이브(자료: Bloomberg, Nonfungible.com)

전개된 시기이기도 합니다.

　그리고 2021년에는 NFT 시장이 크게 부상했습니다. NFT 시장은 마치 로켓이 쏘아 올려져, 단기간 우주를 비행한 이후 빠르게 지구로 복귀하는 과정과 같이 빠른 시장의 Boom & Bust 사이클이 진행되었습니다. NFT 거래금액을 기준으로 살펴보면 2020년 12월에 이륙해서, 2021년 7~8월 정점에 도달한 이후, 2022년 1월 현재 기준으로 과열이 빠르게 조정되는 과정에 놓여 있습니다.

　그러나 NFT 역사는 제가 기억하는 2017년보다 훨씬 오래전으로 거슬러 올라갑니다. 2009~2012년 비트코인, 라이트코인 등이 화폐 분야에서 담보나 내재적 가치를 갖지 않는 가운데 중앙 통제기관이 없는 거래가 가능함을 보였습니다. 이후 블록체인 분야의 기술은 다양하게 분화되어 시도되어왔는데, 2013년부터 발현된 자산등기기술Asset Registry이 바로 NFT의 태동기였던 것입니다.

자산등기기술은 블록체인을 활용해 자산을 등록하는 데 구현합니다. 블록체인상의 작은 거래 기록을 통해 어떤 자산(주식, 자동차, 건물, 토지, 도메인 등)의 존재에 대한 증거를 남기면 중앙기관(대부분 정부)에서 관리하는 등기소에 등록할 필요 없이 특정한 자산에 대한 소유권을 증명할 수 있습니다. 퍼블릭 블록체인Public Blockchain(공개, 개방형 분산원장)에 존재하는 개인키의 소유자가 그 특정한 소유자가 되는 방식입니다. 이러한 자산등기기술로 시작한 프로젝트들이 바로 NFT의 컬러드코인, 카운터파티 등이었습니다.

2013년 컬러드코인이 론칭되었습니다. 컬러드코인은 비트코인 블록체인을 통해 실물자산을 디지털 형태로 표현하는 자산발행 레이어로 오픈 에셋 프로토콜Open Asset Protocol이라고 불렀습니다. 비트코인의 스크립트 언어는 구조적으로 소량의 메타데이터를 블록체인에 입력할 수 있게 하는데, 이 기능을 통해 주식·부동산 등기·지적재산 등을 비가역적immutable이고, 위조가 불가능한non-counterfeitable 토큰 형태로 나타낼 수 있었습니다.*

---

* 백종찬, 컬러드코인이란?, https://brunch.co.kr/@jeffpaik/13

	2009	~2012	2013	2014	2015	2016	2017~
암호화 통화 기술	비트코인	피어코인 라이트코인	도지코인 다크(대시)코인				
자산 등기 기술			매스터코인	카운터파티 컬러드코인			
자산 중심 기술	네임코인		리플코인	스텔라코인		R3	하이퍼렛저
플랫폼 기술			넥스트	코디우스	이더리움	팩톰 에리스	인터렛저
디앱(DApp) 기술/DAO						어거 더다오	

2009년 이후 블록체인 기술 발전의 분화: NFT의 태동은 자산 등기 기술(자료: 〈분산원장 기술의 현황 및 주요 이슈〉, 한국은행, 2016년 12월)

2014년에는 비트코인 블록체인을 활용한 개인 간 금융 플랫폼인 카운터파티 프로젝트가 나왔습니다. 지금 우리가 흔히 볼 수 있는 게임 내 캐릭터나 아이템, 희소하고 독창적인 밈 카드, 그리고 최초의 디지털 아트 등 디지털 그래픽을 중심으로 한 NFT 토큰화가 시도되었습니다.

2017~2018년은 블록체인의 급부상과 크립토커런시의 호황과 함께 NFT 프로젝트들도 본격화된 시기였는데, 역시 이더리움이 큰 영향을 끼쳤습니다. 당시 이더리움의 대표적인 두 가지 스마트 컨트랙트 표준이 적용 가능하게 되었습니다. 대체 가능한 토큰의 발생과 전송을 추적하는 ERC-20(정확히는 2015년 11월 19일 제안되고 개발)과 대체 불가능한 토큰의 발생과 전송을 추적하는

ERC-721(정확히는 2018년 1월 24일 제안된 이후 개발)이 업데이트된 것입니다. 쉽게 말하면 이더리움 블록체인에서 이더ETH를 통해 FTFungible Token(대체 가능 토큰)와 NFTNon-Fungible Token(대체 불가능 토큰)를 발행하고 유통할 수 있게 된 것입니다. 크립토키티와 디센트럴랜드도 이때 시작되었습니다.

그리고 지금까지 NFT 시장의 최고가 판매와 거래의 절대 비중을 차지하고 있는 크립토펑크CryptoPunks도 바로 2017년에 세상에 나왔습니다. 크립토펑크 캐릭터를 한 점이라도 보유하고 있는 이들은 지금은 최소한 백만장자는 될 것입니다. 그런데 재미있는 것은 2017년 출시된 1만 개 중 9000개는 당시 이더리움 지갑을 보유했다면 에어드롭*으로 받을 수 있었다는 점입니다. 당시 발행된 9000개의 크립토펑크 NFT 중 단지 몇 개만이 신청되었다고 합니다. 하지만 몇 주 후 미국의 IT 전문 매체《매셔블》이 "크립토펑크가 디지털 아트에 대한 우리의 생각을 바꿀 것"이라고 선언하면서, 크립토펑크 웹사이트는 방문자들이 쇄도했고, 24시간에 만에 나머지 펑크들에 대한 소유권이 모두 신청되었습니다. 곧이어 유통시장에서 수백 달러, 수천 달러에 팔리기 시작했다고 합니다. 2021년 8월 초의 경우 1주일간 크립

에어드롭Air Drop

공중에서 떨어뜨린다는 뜻으로, 기존 크립토커런시 보유자들에게 부상으로 코인이나 토큰을 배분하여 지급하는 행위를 의미.

토펑크의 거래액이 2억 달러를 넘겼다고 하니 수백, 수천 달러도 지극히 낮은 가격이었던 것입니다.*

2018~2019년은 전체 크립토커런시 시장은 비교적 소강기였지만 NFT는 급격한 성장기였습니다. 말하자면 호수의 오리는 평온해 보이지만, 수면 아래서 힘찬 발차기를 하고 있던 시기였던 것입니다. 크립토키티 개발사인 엑시엠젠이 회사를 분리해 신설한 대퍼랩스가 안데르센 호로위츠, 유니언 스퀘어 벤처스, 구글 벤처스 등 벤처캐피털에 투자를 받아 NFT 시장에 로켓을 쏘아 올릴 준비를 하고 있었던 시기였습니다. 블록체인 크립토시장에 2 레이어 시스템이 적용되었듯이, NFT 역시 2 레이어 프로젝트가 시작되어 확장성을 높이려는 시도가 이어졌습니다. 그리고 이때는 전 세계 아티스트들이 NFT 시장에 본격적인 관심을 갖기 시작한 시기였습니다.

2020년 이후부터 현재까지는 우리가 알고 있는 대로 NFT의 뜨거운 관심을 넘어 대세로 자리 잡은 시기입니다. 일반인들에게 관심을 불러일으킨 계기는 디지털 아트 분야에서 익히 명성을 쌓아오고 있던 비플Beeple이 자신의 작품을 NFT로 발행해 경매에 올렸는데, 평생 작품활동을 해도 못 얻을 부를 단숨에 이루었기

---

* 성소라·롤프 회퍼·스콧 맥러플린(2021), 《NFT 레볼루션》, 〈NFT의 역사〉, pp.55-56, 더퀘스트.

때문입니다. 저는 예술과 작품시장의 전문가는 아니지만 보통 거장의 작품이라도 사후에 가치가 더욱 높아지게 된다는 이야기를 들었습니다. 이유는 다름 아닌 사후에 작품이 더 희소해지기 때문입니다. 아티스트들은 보통 생전에 자신은 가난하지만, 작품이 사후에라도 인정을 받을 시 유족이 부유해지게 되는데, NFT는 아티스트들이 당대에 부를 누릴 인센티브를 얻어 더욱더 나은 환경에서 창작 활동을 할 수 있는 시대를 연 것입니다.

2021년은 우리가 얼마 전 경험한 그대로입니다. NFT 발행이 매우 빨리 확산되고, NFT 투자자가 급속히 확대되었습니다. 2021년 7·8월을 지나면서 미술, 콜렉터블, 음악, 게임, 디지털 부동산 등 광범위한 활용점을 기반으로 NFT 발행 및 거래가 활발해졌습니다. 이베이, LVMH, 까르띠에, 프라다, 타코벨, 피자헛이 각각 NFT 프로젝트를 시작하고 있습니다. 전통 예술경매사인 크리스티와 소더비는 지속적으로 다양한 아이템들을 NFT 경매에 올리면서 예술작품을 거래하는 시장의 영역을 변혁, 확장시키고 있습니다.

그리고 한국에서도 수많은 기업과 사람들이 NFT에 관심을 갖고 발행과 투자에 직접 경험도를 높이고 있습니다. 이세돌과 알파고의 바둑 대전에서 인간이 인공지능에 유일한 승리 기록을 담은 NFT가 60이더(당시 약 2억 5020만 원)에 낙찰되기도 했습니

　　　　　　　　　　　　　　　　NFT 투자의 정석

다. 한국의 대표적인 블록체인 프로젝트인 클레이튼 기반의 도지사운드클럽이 시작되었는데, 총 1만 개의 NFT 아바타 콜렉션입니다. 메타에서 도지사운드클럽의 캐릭터가 심심찮게 보입니다. 한국의 전통 예술경매사인 서울옥션블루가, 장콸의 작품 〈Mirage cat 3〉를 업비트 NFT 경매로 올려두어 약 2억 5000만 원에 낙찰되기도 했습니다.

폭발적으로 생장하는 NFT 마켓

Nonfungible.com은 이더리움 블록체인에서 발행되고 거래되는 NFT 관련 데이터베이스를 제공합니다. 2022년 1월 현재까지 총 2792만 6080개(발행 14,741,599, 유통 13,184,481), 162억 7703만 550.11달러(건당 평균 582.86달러) 규모의 NFT가 판매되었습니다. 이더리움 블록체인에서 발행되는 NFT를 보유하고 있는 지갑은 225만 7621개를 기록하고 있습니다.

예상할 수 있듯이 NFT 시장이 가장 뜨거웠던(일부는 과열, 일부는 버블이라 칭하기도 함) 2021년 2~3분기 발행과 유통, 신규 활성화 지갑, 평균 판매 가격 등이 급증한 이후 축소되는 경향을 보이고 있습니다. 이더리움 블록체인에서 추적되는 NFT 시장은 전

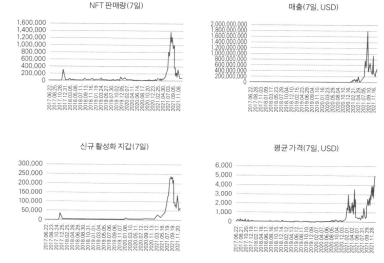

NFT 시장 핵심 데이터 추이(자료: Nonfungible.com)

체 크립토커런시 및 이더리움 시세의 영향을 받습니다. 즉 크립토커런시와 이더리움 시세가 좋을 때 NFT 역시 활성화되고, 반대의 경우 침체를 보입니다.

다만 NFT의 평균 가격(7일)이 5000달러를 상회해 2021년 2~3분기 최고치 수준을 넘어선 것이 눈에 띕니다. 이는 크립토커런시와 이더리움 시세가 조정 및 약세장을 보이고 있는 현재 상황에서도 NFT에 대한 지불 의사와 금액은 높아지고 있음을 나타내는 것입니다.

2021년 3분기 NFT 마켓의 성장은 폭발적이었습니다. 2021년

		Q Y–1 Q3 2020	Q–1 Q2 2021	Q Q3 2021
활성화 지갑	이전 분기 대비 2021년 3분기 실적	+540% 64,507	+103% 203,719	412,578
구매자	이전 분기 대비 2021년 3분기 실적	+1,240% 19,445	+167% 97,658	260,489
판매자	이전 분기 대비 2021년 3분기 실적	+1,277% 8,923	+207% 40,056	122,910
USD 거래	이전 분기 대비 2021년 3분기 실적	+26,719% $ 22,056,820	+656% $ 782,344,685	$ 5,915,337,378

2021년 3분기 NFT 시장의 핵심 지표 성장세(자료: NonFundible.com[*])

3분기 NFT 거래액은 59억 달러로 전기 대비 7.6배, 전년 대비 268.2배 증가했고, 2021년 3분기 NFT 거래 지갑은 41만 2578개로 전기 대비 2배, 전년 대비 6.4배 증가했습니다. NFT의 판매자

---

[*] **활성 지갑** – NFT 스마트 계약과 상호 작용한 지갑 수이며, 동일한 사람은 여러 개의 지갑을 가질 수 있음. 이러한 활성 지갑은 구매자와 판매자뿐만 아니라 NFT를 사용하여 게임을 하거나 프로젝트와 상호작용한 사람 대부분이 있음. NFT 사용자/소유자보다 지갑이 더 많을 가능성이 높지만 추세는 여전히 중요함. 구매자는 해당 연도에 하나 이상의 NFT를 구매한 지갑의 수임. 판매자는 해당 연도에 NFT를 한 번 이상 판매한 지갑의 수임.
USD 거래 – NFT에서 거래된 총거래량. 이 볼륨에는 모든 판매가 포함되지만 게임 내 판매도 포함됨.

와 구매자의 거래 지갑 수가 동시에 증가하는 가운데, 판매자보다 구매자의 지갑 수 증가가 빠른 것은 NFT 시장의 신규 진입자보다 트레이딩으로의 전환이 가속화되고 있음을 의미합니다.* 즉 NFT가 거래, 유통, 투자 시장으로 활성화되고 있는 것입니다.

2021년 3분기 NFT 거래에서 가장 높은 비중을 차지한 분야는 콜렉터블로 76%를 차지했습니다. 크립토커런시 보유자, 인플루언서 등 개인의 PFPProfile Picture 마케팅 니즈가 높아지면서 크립토펑크 및 보어드에이프요트클럽Bored Ape Yacht Club(이더리움 블록체인의 고유한 디지털 수집품 프로젝트)**의 가격이 지속적으로 상승했기 때문입니다. 콜렉터블 이외 분야별 거래를 보면 아트 9%, 게임 7%, 유틸리티 4%, 메타버스 2%, 스포츠 1%를 차지하고 있습니다.

2021년 3분기 NFT 시장은 크립토커런시 시장의 호황과 함께 발행, 유통, 거래금액, 신규 활성화 지갑이 모두 폭발적으로 증가했습니다. 다만 아직은 콜렉터블 분야의 집중도가 높다는 점은 시장의 한계점으로 지목됩니다. 콜렉터블 단일 분야의 집중도가 절대적인 점도 그렇지만, 콜렉터블 시장은 그야말로 크립토커런

---

*   NON-FUNGIBLE TOKENS QUARTERLY REPORT Q3-2021
**   NonFungible.com, Bored Ape Yacht Club, https://www.nonfungible.com/market/history/boredapeclub

NFT 투자의 정석

시 시장 상황에 따라 구매력과 거래에 의존하는 특성을 나타내고 있기 때문입니다. 2021년 4분기~2022년 1분기 크립토커런시 시장이 조정 및 약세장을 보이면서 NFT 시장 역시 급격히 위축되고 있습니다.

다만 NFT는 참여자들의 생태계가 기존 크립토커런시 시장과는 비교하지 못할 정도로 큽니다. NFT 이전의 블록체인과 크립토커런시 시장의 참여자는 개발자, 사업자, 금융 중심의 투자자가 주된 대상이고 기술과 비즈니스, 전문 투자(크립토 시장의 투자 영역은 거래와 참여에 장벽은 낮지만, 오히려 투자의 영역은 주식·채권 등 전통 투자보다 더 전문적인 영역으로 판단)가 주된 관심 영역이었다면, NFT는 수집품, 예술, 게임, 나아가 커뮤니티와 메타버스로 관심 대상과 영역이 확대된 것이 분명하기 때문입니다. 앞으로 NFT 생태계가 깊고 넓어지면 지속 가능하게 될 것입니다.

전통적 투자와 완전히 다른 NFT, 어떻게 접근해야 할까?

미지의 세계에 투자한다는 것

이제 NFT 투자에 대해 살펴봅시다. 우리는 먼저 '투자란 무엇인가?'에 대해 정의해보는 것이 필요할 것 같습니다. 일반적으로 투자란 '특정한 이득을 얻기 위해 시간을 투입하거나, 자본을 제공하는 것'을 말합니다. 또한 미래의 이익을 기대하며 돈(때로는 시간이나 노력)을 할당하는 것이죠.

개인의 경우에는 돈·노력·시간을, 기업이나 국가의 경우에는 돈·노동·자본·기술 등 생산요소를 투입해 자산을 얻게 됩니다.

만약 자산을 미래에 발생할 이익보다 낮은 가격에 구매한다면 그 가치가 높아짐에 따라 더 높은 가격에 판매할 수 있어 수입을 창출할 수 있게 됩니다. 성공적인 투자는 내가 던진 자본이 수익을 주거나 더 큰 자산으로 불어나는 것입니다. 말 그대로 가능성을 점치며 미지의 세계에 무언가를 던지는 것이므로 나중에 찾을 수 없을지도 모르는 것이 바로 투자입니다.

투자의 기본적인 목표는 ① 원금 회수와 ② 추가 수익이며, 이때 시간 개념이 중요합니다. 여기서 ③ 듀레이션*이라는 개념이 등장하게 됩니다. 듀레이션이란, 간단히 말해 내가 투자한 금액을 회수하는 기간입니다. 즉 내가 투자한 자금을 1년 만에 회수하고도 남게 되면 듀레이션은 1년이 됩니다. 보통 사람들은 투자한 원금의 2배가 되면 투자원금을 회수하는 경향을 보이게 됩니다. 내가 투자한 자산의 가치가 빨리 2배가 된다면 매우 만족스러운 투자라고 볼 수 있겠죠? 가격이 빨리 상승하면 수익률이 높을 텐데, 이때 보통 위험도 증가합니다. 특히 금융투자시장의 속성이 그러합니다. 사람들의 투기심이 거래되는 가격에 반영되기 때문입니다. 그래서 투자는 펀더멘털fundamental하면서도 센티

듀레이션Duration

채권에서 발생하는 현금흐름을 각각 발생하는 기간으로 가중하여 현재 가치의 합을 채권의 가격으로 나눈 것이며, 이는 채권에 투자된 원금의 평균회수기간이라고 할 수 있음. 채권의 시장만기수익률이 높을수록 듀레이션은 짧아짐(자료: 본드웹).

멘털sentimental한 영역이 동시에 존재합니다. 그리고 이러한 투자에 대한 근원적인 목표를 달성하기 위해 기대수익률, 위험, 불확실성, 그리고 포트폴리오의 기본 개념들을 적용해 자산을 운용하게 됩니다.

결국 투자라는 행위는 자신이 구매한 자산이 발생시킬 단기적이고 장기적인 성과를 극대화할 수 있는 듀레이션을 설정하고, 기대수익률과 위험을 설정 및 조정하고, 불확실성을 제어할 수 있는 포트폴리오를 배분·조절하는 행위가 됩니다. 좋은 투자는 가능한, 그리고 최대한 듀레이션을 낮추고, 기대수익률을 높이며, 위험을 낮추고, 불확실성에 대처할 수 있는 포트폴리오를 구축하는 것입니다. 이것이 변하지 않는 투자의 속성과 행위이며, 이러한 투자의 특징은 전통자산, 크립토커런시와 더불어 NFT 투자에도 그대로 적용됩니다.

발행시장과 유통시장의 중요성

사업투자자든 금융투자자든, 그리고 전통자산이든, 크립토커런시든 간에 성공적인 투자를 하기 위해서는 발행시장과 유통시장의 의미에 대해 알아야 합니다.

발행시장은 기업이나 정부 등 경제주체들이 자금을 조달할 목적으로 증권을 발행해 일반 투자자들에게 판매하는 금융시장입니다. 새로운 증권이 처음으로 발행된다는 의미에서 1차 시장이라고도 합니다.

유통시장은 이미 발행된 유가증권이 투자자들 사이에서 매매, 거래, 이전되는 시장으로 2차 시장이라고도 합니다. 유통시장은 발행시장에서 발행된 유가증권의 시장성과 유동성을 높여서 언제든지 적정한 가격으로 현금화할 수 있는 기회를 제공하게 됩니다.

개인, 기업, 정부 등 경제주체는 발행시장에서 자금을 조달해 투자자를 모집하게 됩니다. 경제주체가 발행한 증권을 매입한 투자자는 주주 혹은 채권자 등 이해관계자가 되고, 사업이나 민간 및 공공 프로젝트는 모인 자금을 가지고 성장하고 확장해 가치와 수익 및 이윤을 창출하게 됩니다.

주식, 채권 등 유가증권은 시장에서 거래되어 유통됩니다. 프로젝트나 사업이 성장하고 좋아질수록 유가증권의 가치는 높아지고, 유통시장에서 형성되는 가격에 반영됩니다. 발행시장에서 증권을 매입한 초기 투자자들은 유통시장에서 더 높은 가격에 매각해 투자수익을 거둘 수 있습니다. 반대로 프로젝트나 사업의 성과가 부족하거나 후퇴할 경우에는 증권의 가치가 하락해

초기 투자자들은 손실을 보게 될 것입니다. 유통시장의 핵심적 기능은 가치평가와 투자자들의 손바뀜입니다. 창업자, 사업자, 초기 투자자들이 보유한 자산과 새로운 경영자, 관계사, 추가 투자자들 등 다양한 이해관계자들이 서로 증권을 거래하면서 자금시장이 순환됩니다. 프로젝트나 기업들이 추가적인 인력, 시설 및 기술 투자를 위해 추가적인 자금 조달이 필요하거나, 아니면 매매차익과 배당, 이자 및 임대소득을 산정할 때, 또는 기업이나 프로젝트의 경영자나 소유구조의 변화가 필요할 때 모두 가치평가가 필요한데, 유통시장이 이러한 기능을 제공하게 됩니다.

프로젝트와 비즈니스에는 돈이 듭니다. 그리고 좋은 프로젝트와 비즈니스의 적시적소에 자금이 공급되는 것은 무엇보다 중요한 요소입니다. 그리고 좋은 프로젝트와 비즈니스의 성과가 보다 많은 투자자에게 배분될수록 경제 및 금융 생태계가 지속 가능해집니다. 발행시장과 유통시장이 각자 핵심 기능인 자금 조달과 가치평가를 유지하고, 서로의 관계가 긴밀할수록 자본시장과 금융시장은 효율적이고, 포용적이며, 지속 가능성을 갖추게 됩니다. 이러한 여건을 갖춘 투자시장을 선택하는 것만으로도 투자의 성과를 획기적으로 높일 수 있습니다.

대표적인 예는 다름 아닌 미국의 주식시장입니다. 미국의 주식 발행시장은 기업가정신이 충만하고 미래의 가치 창출 포텐셜이 높은 스타트업 기업들의 초기자금 조달을 효과적으로 제공하고 있습니다. 역량 있는 창업가들이 미국의 주식 발행시장에서 자금을 조달하기 위해 미국에 법인을 둡니다. 미국이라는 곳이 창업과 사업뿐만 아니라 금융과 자금 조달에도 좋은 환경이기 때문입니다. 또한 미국의 주식 유통시장에는 과거와 현재는 물론, 미래의 실제 가치와 예상 가치가 높은 기업들이 공개 상장되고 거래됩니다.

특히 최근에는 ① 재무적 성과뿐만 아니라 포용적이고 지속 가능한 가치 창출이 기대되는 기업들(예: 에어비앤비, 우버 등), ② 위대한 미션을 가진 기업들의 수익 배분에서 자본 조달 기능이 강화되는 경우(예: 테슬라), ③ 기존 비즈니스보다는 새로운 생태계를 구축하는 기업들(예: 코인베이스, 로빈후드)이 미국 주식시장에 공개 상장해 활발한 가치평가를 받으면서 자금을 조달하고 있으며, 실제로 성과가 높은 가치를 창출하고 있습니다. 이러한 자본시장의 힘이 바로 미국 주식시장이 탁월한 장기 상승세를 이어가고 있는 강력한 배경입니다.

크립토커런시와 NFT의 발행시장과 유통시장

발행시장과 유통시장은 창업가와 기업가, 그리고 투자자가 긴밀하게 상호작용해 가치와 성과를 창출하며, 생태계를 형성합니다. 이 과정은 블록체인과 크립토커런시, 그리고 NFT 환경에서도 동일하게 나타납니다. 블록체인과 크립토 개발자는 코드를 짜서 코인이나 토큰을 발행할 수 있습니다. 그리고 채굴mining이나 ICOInitial Coin Offering(최초 코인 발행·코인을 발행해 자금을 모집하는 활동)를 통해 자금을 조달한 이후 개발이나 사업의 진척에 따라 코인이나 토큰을 공개된 유통시장에 상장하게 됩니다. 유통시장에서 거래되는 가격은 각기 가치평가가 반영된 결과라고 볼 수 있으며, 이는 추가적인 코인이나 토큰 발행, 그리고 소각, 보상과 배분 등에 영향을 줍니다. 2020년 즈음부터는 디파이 생태계가 스테이블코인Stablecoin, 예치와 차입, 탈중앙화 거래, 파생상품 투자 등 다양한 금융시장의 영역에서 활발해지고 있습니다. 블록체인과 크립토커런시 시장의 발행시장과 유통시장이 긴밀하게 상호작용하는 자금시장이 성숙해지고 있는 것입니다. 개발과 사업, 참여와 경험, 투자자들이 창출하는 가치가 발생하고 거래되는 지속 가능한 금융시장이 구축되고 있습니다.

NFT의 발행시장과 유통시장의 영역은 보다 광범위합니다. 발행자의 영역이 창업가, 기업가, 개발자에서 수집가, 예술가, 게임 아이템 보유자, 더 나아가 일반인으로 확장될 수 있습니다. 발행시장과 유통시장에서 투자자의 영역도 넓어지고 있습니다. 전문적인 개발 능력이나 금융 투자자가 아닌 특정 영역에서 조예가 있는 일반인들도 얼마든지 좋은 투자자가 될 수 있습니다. 공개키와 개인키가 있는 NFT 지갑을 설치한다면, 심지어 최초 투자금이 없더라도 투자를 할 수 있습니다. 초기 크립토펑크의 경우처럼 신청만 하면 무료로 NFT를 받을 수 있는 기회도 있었고, 자신의 NFT를 널리 알리고자 하는 발행자가 있을 경우에는 에어드롭도 받을 수가 있습니다(이런 형태는 NFT뿐만 아니라 크립토 전반에 적용됨). 특히 NFT는 주식과 채권처럼 재무적 성과, 크립토 커런시처럼 네트워크 성과를 추구하지 않지만 독특하거나 고유하고 유일하지만 공감대를 형성해 가치를 추구하는 모든 것을 시도할 수 있고 투자할 수 있게 됩니다.

Appendix: NFT 제4차 크립토 웨이브

전통경제와 금융시장, 그리고 블록체인 경제와 크립토 금융시장을 분석하는 애널리스트의 시각에서, 2008년 10월 비트코인이 출현한 이후 2021년 1월 현재까지 블록체인과 크립토는 네 번의 큰 웨이브를 겪고 있는 것으로 분석합니다.

1차 크립토 웨이브는 비트코인 네트워크와 금융입니다. 비트코인은 모든 거래자의 거래장부를 공유하고 대조해서 거래를 안전하게 만드는 보안 및 합의 기능을 제공하는 블록체인과 암호화하는 네트워크 철학이자 기술을 지향합니다. 그리고 자본 조달과 분배의 측면에서는 채굴에 의한 PoWProof of Work(작업증명) 합의 알고리즘이 운영되어 기능합니다.

 2차 크립토 웨이브는 이더리움 네트워크와 금융입니다. 이더리움은 모든 형태의 계약과 분산된 애플리케이션을 설치할 수 있는 개방형 플랫폼으로 기능하는 탈중앙화 블록체인과 암호화 네트워크 철학이자 기술을 지향합니다. 자본 조달과 분배의 측면에서는 ICO와 자원 및 작업을 투여하는 채굴과 지분 및 합의의 역할을 보완하는 PoSProof of Stake(지분증명) 합의 알고리즘이 운영되어 기능합니다.

 3차 크립토 웨이브는 디파이입니다. 디파이는 블록체인과 암호자산을 기반으로 만들어진 금융 소프트웨어로, 용어 그대로 탈중앙화된 금융 서비스를 제공하는 것을 지향합니다. 현재까지 스테이블코인, 예금과 차입, 탈중앙화 거래소, 파생상품 거래 등 탈중앙화된 금융 생태계 구축이 시도·형성되고 있습니다.

 4차 크립토 웨이브는 NFT입니다. NFT는 화폐적 성격을 가진 토큰에 유무형 자산의 고유성, 희소성, 정체성을 부과하게 됩니다. 고유하고, 희소하며, 정체성을 지니게 되는 디지털 토큰인 NFT가 수집품, 예술, 게임 아이템의 발생과 거래 등 새로운 가치 창출을 내포할 생태계의 자금 조달 및 배분 수단으로 작용할 잠재력을 나타내고 있습니다.

NFT 투자에 대한 정량적 및 정성적 평가

NFT 투자는 다소 어폐가 있는 표현일 수 있습니다. NFT는 투자의 성과보다는 개별적인 경험과 소유의 효능과 공감이 더 본질적인 요소일 수 있기 때문입니다. 그럼에도 NFT를 투자의 대상으로 보고 발행시장과 유통시장에 참여하는 투자자들이 많은 것도 사실입니다.

모든 평가와 투자는 정성적인 요인과 정량적인 요인이 있는데, 현재 이더리움 기반의 NFT 데이터베이스를 제공하는 Nonfungible.com에서 NFT 프로젝트별 정량적 기준을 ① 거래량Trade Volume(정해진 기간 동안 성립한 거래의 건 및 규모), ② 상호작용Interactions(복수의 참여자들이 서로 영향을 주고받는 정도), ③ 유지력Retention(신거래의 지속 및 빈도), ④ 커뮤니티Community(프로젝트 관련 SNS 및 미디어 노출), ⑤ 자산가치Asset Value: NFT(시가총액 합계)

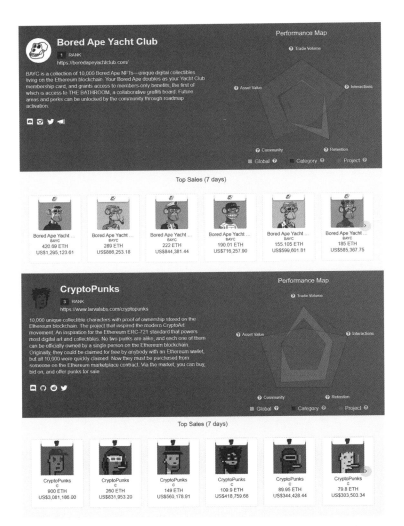

2022년 1월 기준 거래량 톱 1인 '보어드에이프요트클럽'과 톱 3인 '크립토펑크'(자료: NonFundible.com)

NFT 투자의 정석

로 제시하고 평가하고 있습니다. Nonfungible.com에서는 NFT 프로젝트별로 다섯 가지 정량 요인에 대해 글로벌(All)과 카테고리(Collectible, Metaverse, Game, Art, Utility, DeFi)별 점수를 제공하고 있습니다.

2022년 1월 현재 7일 거래량 기준 톱 1인 보어드에이프요트클럽BAYC은 거래량, 상호작용, 커뮤니티, 자산가치에서 최고 수준인 반면 유지력 부분에서는 전체 및 수집품 카테고리 평균보다 점수가 낮습니다.

반면 톱 3에 랭크되어 있는 크립토펑크는 상호작용, 유지력, 커뮤니티, 자산가치 부분에서 최고 수준인 반면, 거래량 부분에서는 전체 및 수집품 카테고리 평균보다 점수가 낮습니다. 기타 관심 있는 NFT 프로젝트가 있다면 Nonfungible.com을 방문해 현재 정량적 평가에 대해 살펴보길 바랍니다. 물론 현재 정량적인 평가가 높아질 것인지, 유지될 것인지, 낮아질 것인지에 대한 평가 기준을 정립해야 할 것입니다.

모든 평가와 투자가 그렇듯이, 정량적 평가보다는 정성적 평가가 더 중요할 수 있습니다. NFT는 전통자산은 물론이고, 크립토커런시와 비교해도 정성적 평가에 대한 일률적 기준을 제공하기 어렵다는 점을 인정해야 할 것입니다.

현재까지의 투자는 많은 경우 '투자 대상의 가치의 수치화, 객

관화를 통해 얼마나 빨리 원금을 회수할 것인가?', '얼마만큼 높은 가치와 가격이 형성될 것인가?', '추가적인 재무적 수익 또는 물량의 증가를 기대할 수 있는가?'에 초점이 맞춰집니다. 그러나 NFT의 경우는 이와는 매우 다릅니다. 예를 들면 'NFT 창작자 및 이전 소유자, 그리고 이후의 소유자가 NFT의 정체성을 매개로 어떤 공감대를 형성할 수 있는가?' 등 보다 창의적인 정성적인 평가 기준이 정립되어야 할 것으로 예상합니다.

다만 저는 NFT에 대해 이런 판단과 전망을 해봅니다. 창작자가 명망이 있기 이전에 NFT를 발행하는 것은 NFT 투자자에게 일종의 후원을 받는 것입니다. 창작자가 명망을 얻고 그의 작품의 가치가 높아질 경우, NFT 투자자가 보유한 가치도 상승하게 될 것입니다. 궁극적으로 경제적 부를 이룬 창작자는 자신의 작품을 가장 비싼 가격에 재매입함으로써 NFT 투자자에게 경제적 부로 보답할 수 있습니다. 물론 NFT 투자자가 원할 경우에 말입니다. 위대한 창작자라면 자신의 습작에 대한 애정도 높을 것이라 생각하기 때문입니다. NFT는 블록체인과 암호화 및 토큰화 기술을 통해 대체 불가능한 인증과 소유를 증명하고 있어, 위대한 창작자가 초기의 습작을 찾을 수 있는 기회가 될 것입니다. 이때 NFT 투자자는 위대한 창작자를 후원해 창작물이 실제로 나타날 수 있게 하고, 나아가 창작물에 대한 소유와 투자금 회수가운데 하나를 선택할 수 있습니다. 이렇게 본다면 매우 흥미로운 가치투자가 아닐까요?

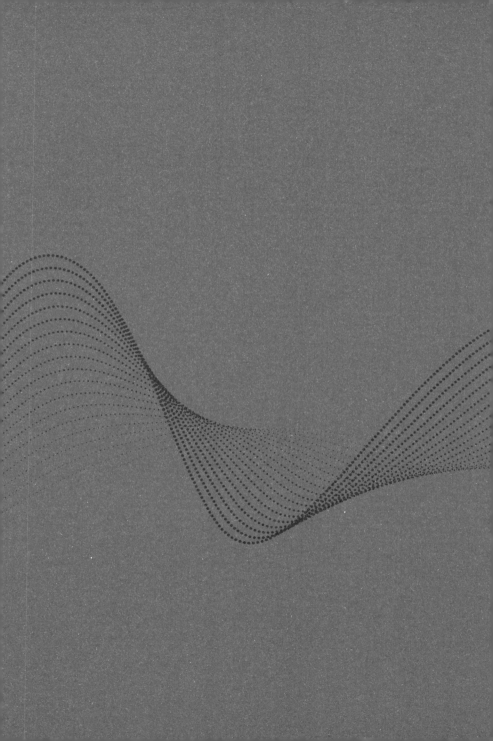

PART 3

NFT는 누가 만들며 누가 콜렉션하는가:

디지털 기술에 예술적 감각을 덧입히는 NFT 창작자들과 NFT 커뮤니티 경제의 출현

아곤_루디움 커뮤니티 콘술

세인트존스 칼리지에서 자유학을 전공하였다. 블록체인 코리빙 코워킹 커뮤니티인 '논스' 초기 빌더로 참여했고, 이후 크립토 온보더를 위한 커뮤니티인 '루디움'을 만들었다. 루디움 콘술로서 NFT 크리에이터와 콜렉터를 위한 커뮤니티 프로그램인 '젬 스터디'를 운영하고 있다.

NFT로 돈이 몰리는 진짜 이유

1픽셀에 16억을 태운다고?

픽셀은 디지털 화면 안에서 흔히 사용하는 공간의 척도입니다. 1픽셀의 가로세로 길이는 0.26mm입니다. 사람 손톱 길이가 2~3mm 정도라고 하니까 손톱 길이의 10분의 1 길이라고 생각할 수 있습니다. 2021년 4월, 디지털 아티스트 소더비를 통해 '더 펀지블 콜렉션The Fungible Collection'의 경매가 진행됐는데 이 중 1픽셀의 크기로 생성된 작품인 〈더 픽셀The Pixel〉은 135만 달러, 한화로 16억 원 정도에 팔렸습니다.

소더비에서 경매한 디지털 아티스트
팍(Pak)의 〈더 픽셀〉(자료: 소더비)

전통 경매 하우스로서 소더비가 가진 위상을 감안하더라도 1픽셀의 디지털 파일이 160억 원이라는 사실은 납득하기 쉽지 않습니다. 요즘 핫하다고 말하는 NFT라는 수식어를 붙인다고 해도 말입니다. 그럼 과연 이런 디지털 작품의 가치는 어디에서 오는 것일까요? 왜 NFT라고 하면, 천문학적인 돈을 주고 말도 안되는 그림 파일JPEG 쪼가리를 사는 걸까요?

이런 걸 도대체 누가 사는 거야?

NFT의 개척자, 크립토 오지

문화의 확산은 소수 집단에서 시작해 얼리어답터로 불리는 선

2021년 12월 10일 2500ETH(한화 118억 원)에 팔린 Punk#4156 (자료: 크립토펑크)

구자를 통해 대중화가 되는 특성을 가지고 있습니다. 현대사회에서 문화의 확산을 가장 극명하게 보여주고 있는 사례가 블록체인과 비트코인입니다. 2008년 시작된 비트코인은 2013년 전까지 소수의 개발자들 사이에서 장난처럼 활용되었습니다. 2017년까지 초기 진입자들이 실험을 계속하다가 2017년 말 대중의 관심이 높아졌고 지금은 비트코인을 모르는 사람이 없는 지경에 이르렀죠.

NFT도 비트코인과 비슷한 양상으로 전파되었습니다. 사실 코인의 형태가 아닌 디지털 자산에 대한 담화는 비트코인 초기부터 논의가 시작되어 2012년부터 실험이 진행되었습니다. 그러나 기술적 한계로 인해 본격적인 도입은 불가능한 상태였습니다. 2015년 이더리움이 탄생한 이후 개최한 첫 컨퍼런스인 런던 데

브콘에서는 이더리움 기반 가상 세계인 이더리아(https://etheria. world)가 출시되었지만 실질적으로 크게 활용되지는 않았죠. 2017년 6월 크립토펑크*가 처음 출시될 때까지만 해도 세간의 관심은 NFT가 아닌 코인과 거래소 구축에 있었습니다. 하지만 크립토펑크로 NFT를 처음 접한 사람들은 비트코인과 이더리움 이 그랬던 것처럼 실험적인 새로운 프로젝트를 최대한 활용하고 자 했습니다. 그래서 자신의 트위터 계정의 프로필 사진을 크립 토펑크로 설정하는 사람이 늘어나기 시작했죠. 아예 자신의 본 명과 현실 세계의 정체성을 감추고 '펑크'로 활동하는 인물도 생 겼습니다. 예를 들어 Punk#4156은 NFT 기반 자금 운용 조직인 나운즈다오NounsDAO의 창시자입니다. 펑크를 구매한 이후 자신 의 정체성을 Punk#4156으로 설정하고 지금까지 본명 대신 펑크 로서 활동하고 있습니다.

크립토펑크Cryptopunks

이더리움 기반의 NFT 프 로젝트로, 2017년 라바랩 스Larva Labs에서 만들었다. NFT 시장을 부흥시킨 시초 로 평가되며 라바랩스 창 업자들이 가지고 있던 희귀 크립토펑크는 높은 값에 거 래되기도 했다.

NFT 초기 진입자들의 경우 블록체 인이 추구하는 탈중앙화의 정치적·사 상적 중요성을 매우 높게 평가하는 경 우가 많습니다. 최근 크립토펑크를 만 든 라바랩스가 크립토펑크의 저작권 에 대해 폐쇄적인 입장을 보이는 이 슈가 발생했습니다. Punk#4156은 이

NFT 투자의 정석

에 실망해서 오랫동안 자신의 정체성으로 활용했던 크립토펑크 4156의 소유권을 118억에 매각했죠. 그럼에도 사람들은 아직도 그의 트위터를 'Punk#4156'이라고 부르고 있습니다. 사람들은 이들을 크립토 오지Crypto OG라고 부릅니다.

오지들의 특성은 다음과 같습니다.

① 블록체인 업계에 오랫동안 종사했다.
② 블록체인이 가진 탈중앙화 사상에 큰 가치를 두고 있다.
③ 영향력 있는 크립토 혹은 NFT 관련 프로젝트를 운영하고 있을 가능성이 높다.
④ 초기부터 암호화폐를 축적했으며 탈중앙화를 위한 실험에 이를 지불할 용의가 있다.

2014년 8월 이더리움의 최초 가격은 0.31달러(한화 360원)였습니다. 당시 오지에게 1이더는 커뮤니티에서 글 몇 번 쓰면 쉽게 받을 수 있는 금액이었던 반면, 현재 시장에서 1이더는 500만 원입니다. 따라서 지금 우리에게 1이더는 한 달 월급보다 많을 수 있지만 오지의 입장에서는 신념에 부합하면 선뜻 지불할 만한 금액인 것입니다.

나도 좀 사볼까? 셀럽 콜렉터의 출현

NFT 시장이 성장하면서 NFT를 디지털 자산의 일종으로 구매하는 사람들이 늘어났습니다. 콜렉터(수집가)로 분류되는 이 집단은 NFT를 구매하고 전시하는 행위를 통해 크립토 세계로 진출하고 자신이 추구하는 세계관을 과시합니다. 놀랍게도 수집가 집단에는 현실 세계에서 유명한 셀럽과 비즈니스로 성공한 인물들이 대거 포진되어 있습니다. 또한 수집가에서 시작해 현실 세계에서의 특장점과 수집품을 활용해 대중적인 크립토 제품과 서비스를 출시하기도 합니다.

셀럽 수집가 중 가장 유명한 사람은 아마 스눕독일 것입니다.

NFT 콜렉터로 제2인생을 살고 있는 래퍼 스눕독

NFT 투자의 정석

스눕독은 1990년대 초반부터 지금까지 음악 활동을 이어오면서 힙합씬에서는 전설로 여겨지는 인물입니다. 2021년 9월 스눕독은 트위터를 통해 자신이 NFT 콜렉터로 활동 중인 '코조모 드 메디치Cozomo de' Medici'라고 깜짝 공개했습니다. 코조모 드 메디치는 8개의 펑크를 비롯해 수많은 작품을 수집했으며 현재 그 가치는 수천만 달러에 육박합니다. '메디치'라는 이름은 피렌체에서 르네상스의 황금기를 만든 코시모 드 메디치에서 따온 것으로 보입니다. 메디치 가문이 작품 수집과 학교 운영을 통해 미켈란젤로와 라파엘로 같은 르네상스의 주역을 양성했던 것처럼 자신도 NFT를 통한 예술과 문화의 황금기를 만들겠다는 의지 표명이죠. 실제로 그는 최근 트위터를 통해 NFT 아티스트 양성을 위한 아트 레지던시 운영 계획을 발표했습니다.

문화적 셀럽 이외에도 비즈니스 투자자들도 NFT 콜렉팅에 눈독을 들이고 있습니다. 미국에 4.3조 규모의 자산가이자 투자자인 마크 큐반Marc Cuban은 이더리움뿐 아니라 폴리곤, 솔라나를 비롯한 새로운 NFT 생태계의 작품을 수집하고 있습니다. 그는 오랜 VC의 경력을 활용해서 NFT뿐 아니라 웹3.0의 시대를 여는 기업에 투자합니다.

또 다른 인물인 '웨일샤크'는 영국계 중국인으로 익명의 크립토 콜렉터로 활동하고 있습니다. 2021년 12월 2일 기준으로 수집한

NFT 작품만 40만 개가 넘고 자신이 수집한 작품을 기반으로 소셜 토큰 기반 커뮤니티인 웨일 커뮤니티를 운영 중입니다. NFT 수집가로서 이름을 날리기 전부터 웨일샤크는 3개의 회사를 성공적으로 매각했고 웨일 커뮤니티를 비롯한 3개의 회사를 운영 중입니다.

셀럽 콜렉터의 특징은 다음과 같습니다.

① 현실 세계에서 성공적인 이력을 가지고 있다.
② 디지털 익명성을 활용해서 새로운 정체성으로 활동하기도 한다.
③ 기존 블록체인 정신 외에도 범용적인 활용성에 관심을 가지고 있다.
④ 현실 자산을 운용하듯이 가치 있는 디지털 자산 포트폴리오를 구축한다.
⑤ 자신의 콜렉션에 기반한 추가적인 프로젝트를 진행하기도 한다.

셀럽 콜렉터는 자신의 현실 기반 자산을 최대한 활용하지만 디지털에서 새로운 정체성을 구축하기도 합니다. 또한 자신의 콜렉션을 포트폴리오 삼아 토큰화, 서비스와의 연계를 통해 크립토 프로젝트를 진행합니다.

더 많은 개인들의 참여 늘어나는 중

현재 NFT가 대중에게 진출했다고 말하기에는 아직 어려운 부분이 많습니다. 유명 NFT 프로젝트에 소규모로 참여하는 콜렉터도 분명히 존재하지만 비대칭적인 정보 구조와 급격하게 상승한 NFT의 자산 가격으로 인해 소규모 콜렉터의 입지가 좁기 때문입니다. 그래서 소규모 콜렉터는 자체적인 기준을 가지기보다는 고래(오지 혹은 셀럽) 콜렉터가 움직이는 콜렉션에 따라 NFT를 구매하는 경우가 많습니다. 주식시장에서 개인 투자자가 외국인과 기관의 매수를 따라가는 것과 비슷한 모습을 보이는 것입니다. 지갑 주소만 알면 모든 거래 정보를 볼 수 있다는 블록체인의 특성을 적극 활용해서 고래의 동향을 파악하고 이들이 가는 곳

비자카드가 15만 달러에 구매한 Punk#7610(자료: 크립토펑크)

NFT 자산 관리 플랫폼, NFT뱅크

으로 움직이는 것입니다.

이런 과정에서 데이터 플랫폼을 활용하기도 합니다. NFT뱅크는 개인의 NFT 가치를 알려주는 자산 관리 플랫폼입니다. 이 플랫폼을 활용하면 자신이 원하는 고래가 소유하고 있는 자산의 포트폴리오를 살펴볼 수도 있죠. 또한 소규모 투자자들은 텔레그램과 디스코드 채널을 통해 새로운 NFT 채굴 기회와 최근 시장 동향에 대한 정보를 나누면서 새로운 투자처를 찾습니다.

일부는 정복되지 않은 새로운 체인(예를 들어 솔라나, 바이낸스)의

플리저다오가 구매한 도지의 원본 사진

NFT를 구매하는 전략을 구사합니다. 한국에서 이러한 움직임이 두드러지게 나타나는 게 클레이튼입니다. 클레이튼은 이더리움에 진출하지 못한 한국 소규모 콜렉터가 비교적 싼 가격으로 NFT를 살 수 있는 시장으로 급부상하고 있습니다. 하지만 클레이튼 체인의 커뮤니티가 국내에 한정되어 있다는 특성을 감안했을 때 시장의 한계성도 분명히 존재합니다.

반면 NFT에 기반한 토큰 모금을 통해 대중 시장으로의 확장을 추구하는 프로젝트도 있습니다. 대표적인 예시가 플리저다오 PleasrDAO입니다. 플리저다오는 크립토와 NFT에서 상징적이지만 개인이 구매하기에는 부담스러운 작품을 토큰의 형태로 공동 구매하는 방식을 통해 대중 참여를 유도합니다. 개인이 혼자서는 구매하기 어려운 금액의 NFT를 다오라는 조직의 모금으로 구매한 후 자산에 기반해 토큰을 발행함으로써 대중도 NFT의 일부를 소유할 수 있는 기회를 제공하는 것입니다.

2021년 6월 플리저다오는 도지코인의 원본 이미지라 할 수 있는 시바 이누견 도지의 사진을 1696ETH(한화 65억)에 구매했습니다. 이후 9월 자신들이 구매한 원본 NFT를 10억 개로 분할해 $DOG 토큰을 발매했습니다. $DOG를 구매한다는 건 인터넷에서 가장 상징적인 밈의 일부를 소유한다는 의미를 가집니다. 한때 $DOG 토큰은 40원까지 상승했다가 현재는 8원 정도의 가격에 거래되고 있습니다. 65억에 거래된 NFT의 가치가 4000억 원까지 올랐었다는 의미입니다. 분할 판매는 혼자서는 살 수 없는 고가치 NFT를 모금을 통해 구매할 수 있다는 이점을 주고 있습니다.

앞으로 NFT에 대한 투자가 활성화되는 시점에서 NFT에 기반한 금융이 더 활성화될 것으로 전망됩니다. NFT 자산의 가치가 상승함에 따라 자산 기반 담보 대출 서비스나 NFT 자산을 분할해 발행하는 토큰이 늘어날 전망입니다. NFT에 금융을 접목시켜 서비스를 출시함으로써 자산의 유동성을 증가시키고 대중의 참여를 활성화시키는 것입니다. 하지만 그만큼 정확한 자산 가치 판단이나 금융 서비스에 대한 투자자 보호의 문제도 중요한 이슈로 나타날 것입니다.

디지털 경제에서
NFT의 역할

디지털 경제의 확장

이처럼 NFT가 가치를 가지고 다양한 서비스로 발전할 수 있는 데는 디지털 경제라는 더 거대한 시장이 뒷받침하고 있기 때문입니다. 디지털 경제란 우리가 흔히 사용하는 원화, 달러와 같은 법정 화폐Fiat Currency를 벗어나 디지털 세상에서 구동하는 경제 시스템입니다. 예를 들어 네이버 스마트스토어에서 물건을 살 때는 온라인을 통해 원화를 주고받기 때문에 법정 화폐 체계 안에 속해 있습니다. 온라인에서 정보를 주고받을 뿐이지 디지털

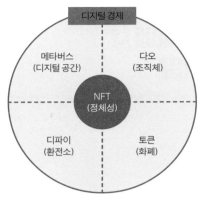

NFT가 미래인 진짜 이유

경제에 속한 건 아닙니다.

　반면 디지털 경제 안에서는 비트코인, 이더리움과 토큰을 화폐로 활용합니다. 이들은 국가나 은행과 같은 기관을 거치지 않고 디지털 환경 안에서 자체적인 법칙(컨센서스 알고리즘이라고 부름)으로 발행됩니다. 그리고 환전소인 디파이를 통해 서로 토큰을 보관하거나 교환하기도 하고 자금을 모아 다오DAO라는 조직을 결성하면서 디지털 경제를 발전시킵니다. 그리고 이 모든 활동은 디지털 공간인 메타버스 안에서 이뤄집니다. 메타버스는 3D 공간일 수도 있고 채팅방일 수도 있습니다. 중요한 건 상호 소통 과정에서 디지털 경제 시스템을 도입하고 있는지 여부입니다.

　NFT는 디지털 경제 안에서 정체성을 연결해주는 역할을 수행

합니다. NFT가 정체성을 부여하는 이유는 디지털 파일이 담고 있는 내러티브의 고유성에 있습니다. 예를 들어 나이키의 정체성은 "Just Do It"이라는 슬로건이나 나이키의 로고에서부터 만들어집니다. 그리고 나이키의 신발은 브랜드의 이미지를 반영한 제품으로 출시됩니다. NFT도 이미지와 슬로건, 영상과 음원 파일을 활용해서 정체성의 내러티브를 만들어줍니다. 디지털 경제에서 활동하는 개인과 조직은 NFT의 내러티브를 활용해서 자신이

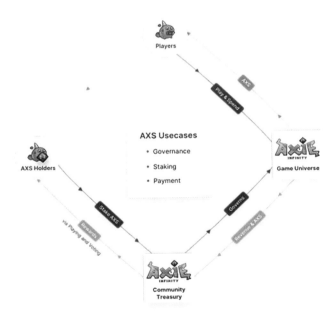

엑시인피니티의 디지털 경제구조(자료: 엑시인피니티)

진행하는 프로젝트 혹은 개인의 정체성을 표현합니다.

　디지털 경제 안에서 NFT의 활용성을 잘 보여주고 있는 예시가 엑시인피니티입니다. 엑시인피니티는 포켓몬과 같은 대전형 게임으로 참여(플레이)를 위해서는 3명 이상의 엑시(캐릭터)를 구매해야 합니다. 각각의 엑시는 NFT로 발매되어 있기 때문에 플레이어는 실제로 엑시를 소유합니다. 게임을 하다 보면 SLP 토큰을 얻는데 이것도 언제든 이더리움으로 환전할 수 있습니다. 그래서 게임을 하며 돈을 버는 플레이투언Play to Earn 게임 구조가 만들어집니다.

　엑시 게임을 개발한 스카이 메비스Sky Mavis팀은 엑시 게임의 소유주가 아닙니다. 중요한 결정은 엑시 커뮤니티 금고Community Treasury의 투표를 통해 이뤄집니다. 투표는 AXS 토큰을 활용해서 참여할 수 있습니다. 내가 가진 토큰의 숫자만큼 투표권을 행사하는 것입니다. 따라서 엑시는 탈중앙화 조직DAO의 형태로 발전하고 있습니다.

　이 과정에서 홀더라는 집단이 생깁니다. 홀더는 엑시 NFT와 AXS 토큰을 활용해서 게임의 발전 과정에 영향력을 행사하는 집단입니다. 이들은 게임을 할 수도 있고, 아니면 직접 게임을 하는 대신 엑시를 다른 사람에게 빌려줌으로써 수익을 얻거나 AXS 토큰을 예치Staking해서 커뮤니티 금고에서 이자를 받기도 합니다. 엑시의 생태계에서 알 수 있듯이 NFT는 디지털 경제 안에서 다른 시스템 구성과 유기적인 관계를 맺고 가치가 생깁니다.

커뮤니티 경제 시스템의 출현

이러한 디지털 경제는 기존 경제 시스템과 굉장히 다른 구조로 발전하고 있습니다. 기존 경제 시스템에는 생산자와 소비자가 뚜렷하게 구분되어 있습니다. 예를 들어 나이키는 소비자에게 신발을 판매해 수익을 얻습니다. 이때 나이키의 입장에서는 더 많은 소비자에게 더 많은 신발을 판매할수록 수익이 늘어납니다. 즉 판매량이 중심인 경제구조를 가지고 있습니다.

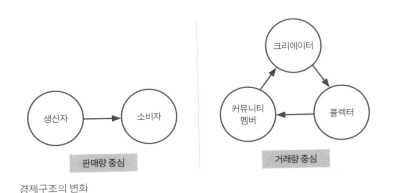

경제구조의 변화

반면 디지털 경제 안에서는 희소한 디지털 자산이 순환되는 과정에서 가치가 상승합니다. 예를 들어 크리에이터가 NFT를 발매하면 소유권이 콜렉터(예를 들어 엑시의 홀더)에게 이전됩니다. 이후 콜렉터가 자신의 활동을 통해 커뮤니티에 들어오고 싶은 사람들의 구매욕을 자극하고 NFT의 가치를 상승시킵니다. 즉 거래량이 가치를 형성합니다. 가치가 꼭 가격을 의미하는 건 아닙니다. 거래량이 늘어났다고 해서 그만큼 가격이 높게 형성된다는 의미는 아니기 때문입니다. 물론 희소한 NFT에 대한 수요가 늘어나면서 가격이 상승하는 경우도 많습니다. 커뮤니티의 활동이 활발할수록 거래량이 증가하고 NFT의 전체적인 가치가 높아집니다.

따라서 NFT의 가치를 높이는 데 있어서 커뮤니티를 고려하는 게 필수적입니다. 커뮤니티가 성장해야 거래량이 증가하고 NFT

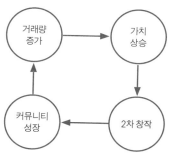

커뮤니티 중심의 창작이 필요한 이유

NFT 투자의 정석

의 가치가 상승하기 때문입니다. 그리고 이 과정에서 NFT에서 파생된 자체적인 2차 창작이 발생하기도 합니다. 나이키가 신발만 판매하다가 패션이나 다른 업종으로 진출하는 것처럼 하나의 NFT를 기반으로 새로운 창작물이 파생되기도 합니다.

이때 최초 크리에이터가 2차 창작을 만드는 주체일 필요는 없습니다. 오히려 NFT를 기반으로 형성된 커뮤니티가 새로운 아이디어를 가지고 제2, 제3의 창작물을 만들었을 때 더욱 참신한 결과로 발전하는 경우도 많습니다. 그리고 새로운 창작물이 더해지고, 이를 통해 새로운 커뮤니티 멤버가 유입되는 과정에서 커뮤니티가 성장합니다.

RTFKT(아티팩트) 스튜디오의 크립토펑크 프로젝트는 크립토펑크 NFT를 소유한 사람에게 자신이 소유한 펑크와 매칭할 수 있

RTFKT 스튜디오의 크립토펑크 프로젝트(자료: RTFKT 스튜디오)

는 신발을 보내주는 것으로 시작했습니다. 캐릭터 아트로 시작한 펑크가 패션으로 진출하는 걸 보여준 사례입니다. 이후 AR 기술을 활용해서 펑크와 패션이 콜라보된 영상까지 제작했습니다. 이 프로젝트는 펑크 소유자의 지위를 한층 더 끌어올리는 역할을 했습니다.

RTFKT 스튜디오는 크립토펑크를 만든 곳이 아닙니다. NFT 시장에서 크립토펑크의 지위가 높아지는 것을 보고 참신한 프로젝트를 제안했고, 이를 통해 자신의 이름도 널리 알린 케이스입니다. 펑크 프로젝트 이후 RTFKT 스튜디오는 자신들의 AR, 3D 아바타 제작을 적극 활용해서 추가적인 프로젝트를 출시하고 있습니다. 가장 최근 일본 애니메이션을 모티브로 작품 활동을 하는 무라카미 타카시와의 콜라보를 통해 3D 아바타 NFT 콜렉터블인 클론X를 출시했는데 2021년 12월 현재 기준으로 오픈씨에서 가장 인기 있는 프로젝트로 주목받고 있습니다. RTFKT 스튜디오는 펑크 프로젝트라는 2차 창작을 통해 팀의 명성을 높이고 새로운 프로젝트를 출시하면서 계속 성장하는 모습을 보여주고 있습니다.

NFT의 가치를 판단하는 방법

정량적인 NFT의 가격과 동향을 파악하는 건 생각보다 어렵지 않습니다. 블록체인의 데이터는 언제든 공개되어 있으므로 리서치를 통해 가격 변동성을 파악할 수 있죠. 하지만 정말 어려운 건 NFT의 가치를 판단하는 과정입니다. 특히 아직 디지털 경제와 NFT의 함의를 이해하지 못하는 사람의 입장에서는 가격 이상으로 특정 NFT가 가치를 가지는 이유를 알기 어렵습니다.

하지만 대부분의 영역에서 NFT도 다른 투자 자산과 가치 판단 기준이 원천적으로 다르지 않습니다. 누가 만들었는지, 해당 NFT만의 독특한 특징이 무엇인지, 어디에 활용될 수 있는지가 중요하기 때문입니다. 그런데 한 가지 굉장히 특수한 영역도 존재합니다. 바로 소유의 주체인 커뮤니티가 누구이며 이들이 얼마나 활성화되어 있는지의 영역입니다.

팀의 구성을 왜 살펴봐야 할까?

다른 모든 프로젝트의 가치를 판단하는 요소와 동일하게 NFT 가치의 가장 기본적인 요소는 프로젝트를 진행하는 팀의 능력입니다. 팀의 능력을 판단하는 데는 두 가지 요소를 중점적으로 보는데요. 하나는 구성원이 크립토 시장 안에서 가지는 영향력과 능력이며, 다른 하나는 크립토 시장 밖에서 보여주는 능력입니다.

나운즈다오에서 발매한 NFT. 캐릭터 하나에 4억 5000만 원이 넘는다(자료: 나운즈다오).

나운즈다오NounsDAO는 2021년 8월에 시작해 현재까지 매일 하루에 1개의 NFT 캐릭터인 나운즈를 발매한 프로젝트입니다. 2022년 1월 3일 기준 162개의 캐릭터 판매를 통해 모금된 금액은 16937ETH(한화 771억 원) 규모에 이릅니다. 캐릭터 하나에 4억 5000만 원이 넘는 셈입니다. 나운즈 캐릭터가 이처럼 높은 가격에 판매될 수 있었던 가장 큰 이유 중 하나는 바로 나운즈다오를 시작한 나운더스의 명성이 큰 기여를 한 데 있습니다.

나운더스는 10명의 인물로 구성된 나운즈다오의 핵심 인물로 개발자, 아티스트, 그리고 크립토 지지자로 구성되어 있습니다. 일부는 신상을 공개했지만 일부는 Punk#4156처럼 펑크나 다른 NFT 캐릭터 뒤에 자신의 현실 정체성을 공개하지 않고 있죠. 이들 중 개발자인 돔 호프만은 트위터 기반 쇼트폼 동영상 공유 기능을 제공하는 바인Vine 앱의 개발자이며 펑크로 활동 중인 3명의 나운더스도 트위터를 통해 펑크 소유자로서 왕성한 활동을 이어온 사람들입니다. 나운즈를 출시한 이후에도 새로운 프로젝트를 계속 출시 중입니다. 스타트업에서 연쇄 창업가가 신뢰를 얻듯 크립토 안에서도 이전 프로젝트 이력과 자신의 소유 자산이 신뢰성을 주는 요소로 작용하는 것입니다.

상징성 있는 내러티브는 무엇보다 중요하다

내러티브란, 서사를 의미하는 영어 단어입니다. 원래 크립토에 서뿐 아니라 예술 혹은 인간의 삶에 대해 말할 때도 사용하는 단어입니다. 크립토 안에서 내러티브가 더욱 중요한 이유는 분산 화된 소유자와 커뮤니티를 하나로 묶어주는 정신적 지주의 역할 을 해주기 때문입니다. 내러티브는 출시될 당시의 기대감(하이프) 과 마케팅을 위한 문구 같은 단편적인 현상을 넘어 프로젝트의 지향점과 이를 달성하기 위해 나아가고 있는 모든 궤적이 내러티 브를 형성하는 것입니다.

이러한 관점에서 크립토펑크의 내러티브는 독보적입니다. 최초 의 NFT는 아니지만 NFT가 활성화되기 전 온라인 정체성을 증 명하는 최초의 프로파일 사진PFP 프로젝트이기 때문입니다. 또 한 크립토펑크라는 단어 자체가 블록체인의 핵심 정신을 담고 있

크립토 오지의 내러티브를 담고 있는 NFT, 크립토펑크

NFT 투자의 정석

는 '크립토'에 저항성, 반항성의 의지를 담은 '펑크'를 합성해서 만든 것입니다. 1990년대 인터넷의 기반 기술을 만든 사이버펑크는 기술(컴퓨터 코드)을 통해 통제받지 않는 자유로운 세상에 대한 염원을 펼쳤는데, 크립토펑크는 그 정신과 의지를 이어받는다는 의미로 해석됩니다. 따라서 블록체인과 크립토, 탈중앙화에 심취한 크립토 오지에게는 일종의 성역과 같은 것이지요. 그래서 실제로 크립토펑크를 소유하고 이를 기반으로 활동하는 사람들은 자신을 단순히 크립토로 부를 축적한 사람이 아니라 자유와 탈중앙화를 실현하는 최전방 수호자로서의 정체성을 보이는 경우가 많습니다.

내러티브의 훼손은 걷잡을 수 없는 결과를 초래하기도 합니다. 예를 들어 최근 크립토펑크는 라바랩스의 저작권 관련 입장으로 인해 논란이 일고 있습니다. 2021년 7월 라바랩스는 NFT 라이선스의 도입을 발표했습니다. NFT 라이선스는 창작자의 저작권을 보호하기 위해 만들어진 문서로서 2차 창작이나 상업적 활용에 대한 권리를 제한하고 있습니다. 통상적으로는 전혀 문제가 되지 않을 수 있지만 크립토의 오픈소스 정신과 자유로운 활용의 정신을 추구하는 크립토 오지의 관점에서 보았을 때 라바랩스의 행보는 그리 달갑지 않은 것이었죠.

이 과정에서 크립토퐁크Cryptophunk 프로젝트가 논란을 극대화

크립토퐁크 팀이 라바랩스에 쓴 편지. 오픈소스와 탈중앙화 정신의 중요성을 피력함(자료: 크립토퐁크)

시켰습니다. 크립토퐁크는 펑크에서 모티브를 가져온 프로젝트로 원본 크립토펑크에 좌우대칭과 테두리가 표시되어 있다는 차이점만 가진 프로젝트입니다. 라바랩스는 퐁크 프로젝트가 출시되자 NFT 최대 마켓플레이스인 오픈씨에 해당 프로젝트의 게시를 중단할 것을 요청했고 오픈씨는 이를 수락했습니다. 현재 퐁크 프로젝트는 오픈씨에서 찾아볼 수 없습니다.

이러한 라바랩스의 행보는 Punk#4156과 같은 오픈소스 정신을 중요시하는 인물들의 빈축을 샀고 이들이 커뮤니티를 떠나는 결과를 초래했습니다. 그리고 지금까지 부동의 1위를 차지하던 크립토펑크의 가격이 처음으로 보어드에이프요트클럽에 의해 추격당하는 일도 있었습니다.

얼마나 뛰어난 '기술'로 새로운 창작물을 만들었는가?

블록체인에 기반한 NFT는 디지털상에서 표현되고 유통되는 특징을 가집니다. 이때 기술적인 구현 방법에 따라 NFT의 특징이 생기기도 합니다. 기술 구현 방법에 따라 생산방식, 활용법, 자산의 안전성이 달라지기 때문입니다. 예를 들어 크로미 스퀴글은 2020년 온체인 제너레티브 아트NFT 전문 큐레이션 플랫폼인 아트블록의 스노프로가 론칭한 프로젝트입니다. 여기서 온체인

아트블록에서 발매한 크로미 스퀴글 #7583. 922.5ETH(한화 37억 원)에 판매됐다(자료: 아트블록).

제너레티브 아트란 NFT의 형상(그림 혹은 영상)을 외부 파일이 아닌 스마트 컨트랙트에 직접 구현하는 기술을 의미합니다.

현재 대부분의 NFT는 자산의 파일이 스마트 컨트랙트가 아닌 외부에 저장되어 있습니다. 예를 들어 700억 원이 넘는 비플의 작품의 원본 파일(JPG 파일)은 스마트 컨트랙트에 포함되어 있지 않습니다. 원본의 링크가 표시되어 있을 뿐이죠. 그런데 만약 해당 원본 링크의 파일이 유실되거나 연결에 문제가 생긴다면 자산의 안전성에 큰 타격이 생길 것입니다. 스마트 컨트랙트 구매 증

디지털 아티스트 팍이 출시한 로스트 포에츠(자료: 팍)

NFT 투자의 정석

명서는 그대로이겠지만 내용물이 도난을 당하는 상황이 벌어질 수 있는 것이지요.

이런 문제를 기술적으로 방지하는 것이 온체인 제너레티브 아트입니다. 스마트 컨트랙트 안에 이미지 그 자체 혹은 이미지를 생성할 수 있는 알고리즘을 포함시킴으로써 소유한 이미지가 원본 스마트 컨트랙트에 포함되어 있는 자산 증명서와 동일한 NFT임을 기술적으로 증명하는 것이지요. 하지만 스마트 컨트랙트 용량의 한계로 인해 현재 구현할 수 있는 알고리즘의 수준은 매우 제한적입니다.

기술력을 활용해 NFT의 활용도를 기존 아트나 다른 어떤 산업에서도 보지 못한 형태로 확장시킨 사례도 있습니다. 디지털 아티스트 팍PAK은 인공지능AI과 NFT를 접목해서 NFT가 상상할 수 있는 크립토아트●의 경계를 한 차원 앞으로 진화시킨 사례로 평가받고 있습니다. 팍이 출시한 로스트 포에츠는 6만 5536장의 빈 페이지Page에서 시작했습니다. 회색 배경인 빈 페이지의 최저 가격이 개당 0.32ETH였음에도 75분 만에 모두 팔렸죠. 그 이유는 팍이 공개한 로드맵에 있었습니다.

로스트 포에츠를 구매한 소유자는 2단계Phase 2에 빈 페이지를 시인Poet

> **크립토아트CryptoArt**
>
> 명확히 규명되지 않았으나, 블록체인상에 발행되어 디지털 희소성Digital Scarcity을 지닌 디지털 아트워크로 볼 수 있음.

으로 변환시키거나 그대로 가지고 있는 것 중에 선택할 수 있습니다. 여기서 시인은 AI에 기반한 고유의 아트워크로 만들어지는 일종의 디지털 휴먼입니다. 3단계부터는 생성된 시인에게 페이지를 공급해서 시인의 이름을 바꾸거나 시인이 말을 할 수 있도록 단어Word를 제공할 수 있습니다. 각 시인이 내뱉는 단어 역시 AI에 기반한 프로그래밍에 의해 결정됩니다.

팍은 AI와 NFT를 접목해서 아트를 넘은 하나의 새로운 세계관을 만들고 있다고 해도 과언이 아닙니다. 이처럼 NFT는 블록체인을 활용한 기술과의 조합을 통해 완전히 새로운 형태의 창작물 혹은 모델로의 발전이 가능합니다. 이때 해당 팀 혹은 프로젝트가 그만한 기술력을 갖추고 있는지도 NFT의 가치를 판단하는 데 있어 중요한 고려 요소로 작용합니다.

유틸리티는 어느 정도인가?

NFT의 형태가 다양해지고 개체 수가 늘어나면서 NFT를 구매했을 때 주어지는 혜택의 중요성이 커지고 있습니다. 이러한 혜택을 통틀어 NFT의 유틸리티라고 부릅니다. 유틸리티에는 크게 디지털 유틸리티와 현실 유틸리티가 있습니다.

NFT를 구매하면 매일 토큰을 분배해주는 사이버콩즈(자료: 사이버콩즈)

사이버콩즈CyberKongz는 989개의 콩즈 아바타 기반 프로젝트입니다. 콩즈는 샌드박스, 엑시인피니티와 같은 메타버스의 환경에서 활용할 수 있는 소셜 아바타로 활용할 수 있도록 발전하고 있습니다. 콩즈를 구매한 사람은 하루에 10개의 바나나 토큰을 받습니다. 또한 바나나와 콩즈 NFT를 활용하면 인큐베이팅Incubating을 통해 베이비콩즈를 탄생시키거나 더샌드박스와 메타버스에서 사용하기에 적합한 복셀 콩즈VX Kongz를 업그레이드할수 있습니다.

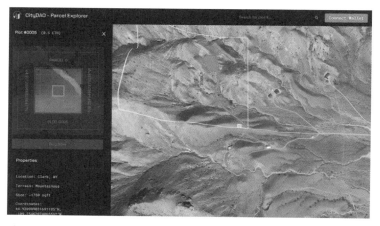

미국 와이오밍에 땅을 사서 메타버스 도시를 건설하는 씨티다오(자료: 씨티다오)

사이버콩즈와 같은 디지털 유틸리티는 구매자의 입장에서 추가적인 디지털 자산을 통한 수익 창출에 대한 기대감을 제공합니다. 이때 유틸리티의 기대치가 명확할수록 디지털 유틸리티의 효과도 증가합니다. 활용처가 불분명하고 무분별한 NFT 혹은 토큰 배포는 오히려 신뢰도를 저하시켜 프로젝트의 효과를 감소시키기도 합니다.

반면 현실 서비스와 유틸리티를 제공하는 NFT 프로젝트도 늘어나고 있습니다. 와이오밍은 미국에서 유일하게 합법적으로 다오가 인정받을 수 있는 법령을 가지고 있습니다. 이를 활용해 씨티다오CityDAO는 와이오밍에 다오를 설립한 후 땅을 사서 도시를 건설할 계획을 발표했습니다. 먼저 다오의 시민권Citizenship을 NFT의 형태로 발행한 뒤 자금을 모집해 이를 기반으로 현실 부동산 구매를 진행했죠. 시민권을 구매한 사람은 땅의 소유권을 직접적으로 할당받지는 않았지만 씨티다오에 참여해 자신의 주권을 행사할 권리를 가집니다.

디지털과 현실의 혜택을 잇는 다오의 형태에 많은 관심이 몰렸고 씨티다오의 유명세도 높아졌습니다. 전설적인 투자자인 마크 쿠반이나 이더리움의 창시자인 비탈릭 뷰테린, 코인베이스의 브라이언 암스트롱도 씨티다오의 시민권을 구매한 일원입니다. 현실 시민권과 토지 소유권이라는 강력한 유틸리티를 NFT에 접목시킴으로써 성공적인 프로젝트를 이끌어낸 사례라 할 수 있습니다. 씨티다오 이외에도 뉴욕의 오마카세 레스토랑 멤버십을 NFT 발매한 플라이피시클럽이나 커피를 사랑하는 사람들의 카페 멤버십을 발매한 크립토 바리스타와 같은 프로젝트도 NFT를 통한 현실 유틸리티 제공에 집중하고 있는 사례입니다.

커뮤니티 멤버 구성을 살펴보자

NFT를 견인하는 커뮤니티의 힘은 블록체인과 크립토를 이해하지 못하는 사람에게는 생소한 개념으로 다가올 수 있습니다. 보통 인터넷에서 커뮤니티라 함은 익명으로 정보를 주고받고 친목을 도모하는 수준이며 경제적으로 힘을 발휘하는 경우가 드물기 때문입니다. 그런데 앞서 커뮤니티의 경제구조에서 설명한 것처럼 NFT의 가치에 있어서 가장 큰 힘을 발휘해주는 게 바로 커뮤니티입니다.

NFT 커뮤니티 구성원은 자산의 소유자로서 자신의 인센티브와 커뮤니티 성장의 인센티브를 일치시키며 주도적으로 기여함으로써 커뮤니티의 가치를 상승시킵니다. 또한 내가 속한 커뮤니티 안에 누가 함께 있느냐가 나의 품격과 지위를 말해줍니다. 유명한 나와 같은 NFT를 소유하고 있다는 것만으로도 나의 지위가 올라가는 느낌을 주기도 합니다.

이러한 셀럽 마케팅을 가장 잘 활용하는 예시가 보어드에이프 요트클럽BAYC입니다. BAYC는 2021년 4월에 출시된 유인원 기반 NFT 프로젝트로 패셔너블하고 힙한 느낌의 캐릭터를 추구했죠. 커뮤니티 구성원도 크립토와 탈중앙성의 가치를 숭상했던 크립토펑크의 소유자와는 달리 마케팅 인플루언서, 아티스트와 같은 비교적 가볍고 활발한 사람들을 중심으로 퍼졌습니다. 그럼에도 비교적 초기 프로젝트라는 장점 덕분에 빠르게 확산될 수 있었죠.

그러던 중 미국 NBA의 슈퍼스타 스테판 커리가 BAYC를 구

NFT 투자의 정석

NBA 슈퍼스타 스테판 커리의 BAYC 구매 인증

매한 후 트위터로 인증하는 사건이 발생했습니다. 스테판 커리는 BAYC를 구매하기 전에 트위터를 통해 공개적으로 어떤 NFT를 사면 좋을지 물어봤습니다. 그리고 바로 BAYC 구매를 인증한 것입니다.

이후 유명 배우와 DJ 같은 연예인들이 스테판 커리처럼 NFT 를 구매하기 시작했습니다. 그리고 그 첫 대상은 BAYC가 됐죠. 스티브 아오키, 포스트 말론, 체인스모커와 같은 DJ를 포함해 지미 팔론과 같은 TV쇼 호스트도 BAYC 구매를 인증했습니다. 미국 래퍼 에미넴도 BAYC를 구매하면서 BAYC는 명실공히 최고 유명인들을 위한 NFT로 자리매김 중입니다. 최근 BAYC의 업데이트와 셀럽 마케팅에 힘입어 바닥 가격이 치솟으면서 크립토펑크와 1위 자리를 두고 엎치락뒤치락 경쟁을 하고 있습니다.

NFT 커뮤니티가 벌이는
기발한 실험들

참여자가 게임 캐릭터도, 무기도 직접 만들어야 한다고?

NFT가 커뮤니티의 주도로 만들어진다는 것을 알 수 있는 가장 극명한 사례는 '루트 프로젝트'입니다. 루트 프로젝트는 나운즈다오를 창시한 개발자 중 한 명인 돔 호프만이 제안한 커뮤니티 기반 NFT 게임 프로젝트입니다.

그런데 루트 NFT만 봐서는 이게 게임이라고 보이지 않는 수준이죠. 8줄의 줄글로만 구성되어 있기 때문입니다. 사실 루트 NFT에 적혀 있는 건 게임 그 자체라기보다는 게임에 사용될 캐

"Grim Shout" Grave Wand of Skill +1
Hard Leather Armor
Divine Hood
Hard Leather Belt
"Death Root" Ornate Greaves of Skill
Studded Leather Gloves
Necklace of Enlightenment
Gold Ring

8줄의 글로 발매된 NFT인 루트 프로젝트(자료: 루트 프로젝트)

릭터의 아이템 리스트입니다. 무기, 갑옷, 장갑과 같은 8개의 장착된 아이템만 표시되어 있고 나머지 캐릭터의 생김새, 게임의 환경과 같은 모든 디테일은 참여자의 상상에 맡긴 것이지요. 게임의 개발 자체를 모두 커뮤니티에 맡겨버린 셈입니다.

그럼에도 루트 프로젝트는 현재 진행형입니다. 루트 포럼을 통해 참여자들이 자체적으로 길드를 형성하기도 하고 루트를 소유한 사람들에게 게임에서 사용할 화폐를 분배하면서 개발 의지를 불태우고 있습니다. 실제로 루트에서 활용될 캐릭터와 맵, 던전과 같은 게임의 요소를 커뮤니티에서 직접 제안하고 만드는 중입니다. 하지만 아직까지 완벽한 엔진을 갖춘 '루트 기반 게임'이 정

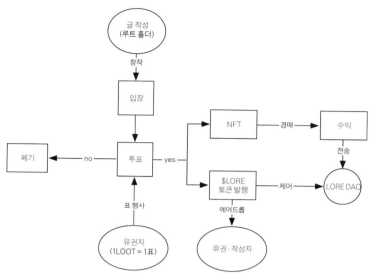

루트 프로젝트가 게임을 만드는 방법

식 출시된 바는 없습니다. 앞으로 루트에 기반한 한 개의 게임이 출시될지, 아니면 다양한 게임이 동시에 출시될지도 모르는 상황입니다.

비판적인 시각으로 보았을 때 루트 프로젝트는 그저 흥미로운 '실험'으로 끝날 것이라 말할 수도 있습니다. 개발을 주도하는 단일팀이 아니라 커뮤니티가 이런저런 아이디어를 던지는 것만으로는 완성된 프로젝트가 탄생하기 어려울 것이라는 생각이겠죠. 앞으로 루트 프로젝트가 실제로 게임을 만들 수 있을지는 미지수

NFT 투자의 정석

입니다. 하지만 지금과 같은 커뮤니티의 개발이 계속된다면 비트코인과 이더리움이 커뮤니티의 주도로 발전했던 것처럼 루트도 수면 위로 드러나 게임 개발에 있어 새로운 역사를 만들지도 모릅니다.

미국 헌법 원본을 사기 위해 이더리움 펀딩을 시도하다

NFT에 기반한 커뮤니티 실험은 비단 개발이라는 영역에만 한정된 것이 아닙니다. 컨스티투션다오ConstitutionDAO는 미국 애틀랜타에 사는 한 청년의 트윗에서 시작했습니다. 미국의 헌법은 1789년 500장이 인쇄되어 현재 원본은 13장밖에 남아 있지 않습니다. 이 중 하나가 소더비 경매에 나온다는 소식을 들은 오스틴 카인은 트위터로 헌법을 사기 위한 모금을 시작한다는 메시지를 보냈고 컨스티투션다오로 트위터 페이지를 개설했습니다.

이들은 쥬스박스라는 일종의 이더리움 기반 크라우드펀딩 플랫폼을 활용해서 모금을 시작했습니다. 이때 모금에 참여한 사람들은 금액에 따라 토큰 분배를 받는 구조였습니다. 컨스티투션다오는 3일 만에 11610ETH(한화 560억 원)의 자금을 모았고 경매에 참여했습니다. 하지만 헌법 구매에 실패했죠. 그럼에도 스마

자금 모집을 통해 미국의 헌법 구매를 시도한 컨스티투션다오

트 컨트랙트로 작성된 계약에 따라 이더 모금에 참여한 사람은 $People 토큰을 받았습니다.

그런데 더 재미난 일은 지금도 벌어지고 있습니다. 헌법Constitution 구매에 실패한 이후 컨스티투션다오 관계자는 모든 금액의 환불을 발표했습니다. 하지만 대부분의 참여자는 토큰을 팔지 않고 가지고 있는 선택을 했죠. $People의 가격은 한때 40배까지 상승했다가 12월 20일 현재까지 초기 가격의 30배 수준으로 유지되고 있습니다. NFT도 없고 목적도 잃은 프로젝트의 토큰이 지

NFT 투자의 정석

금까지 남아 가격을 유지하고 있는 셈입니다. 12월 15일 컨스티 투션다오는 공식 트위터를 통해 더 이상 공식적인 어떠한 행보도 하지 않겠다는 입장을 밝힌 상태입니다. 그럼에도 가격은 계속 유지되고 있고 사람들은 토큰을 포기하지 않고 있습니다.

컨스티투션다오는 본연의 취지를 완성하지 못했습니다. 하지만 크립토 안에 갇혀 있던 다오와 NFT 시장을 현실로 옮겨왔다는 점에서 성공적인 실험으로 기억되고 있습니다. 그럼에도 방향성을 잃은 프로젝트가 현재까지 가격을 유지하고 있는 현상에 대해서는 다양한 해석이 존재합니다. 그 자체로 의미 있기 때문에 앞으로도 가격이 지속될 것이라는 의견도 있고, 의미를 잃은 프로젝트이기 때문에 얼마 안 가 사라질 것이라는 의견도 있습니다.

NFT가 대중에게 전파되기까지

현재 NFT 시장은 2017년 말 ICO가 횡행하던 시기의 모습을 닮고 있습니다. 우후죽순처럼 많은 프로젝트가 쏟아져 나오는 가운데 나만 이 흐름에 뒤처지는 건 아닐지, 지금이라도 빨리 열차에 탑승해야 반이라도 가는 건 아닐지 하는 불안감이 팽배한 상황이기 때문입니다. 하지만 여기서 중요하게 알아두어야 할 것은 아직 NFT는 초기 시장이고 NFT의 명확한 활용 방안은 아직 규정되지 않은 상태라는 것입니다.

모든 프로젝트가 게임화 혹은 메타버스로의 진출을 말하는 상태에서 진짜 옥석이 무엇인지 가려내는 건 앞으로도 시간이 소요될 전망입니다. 2018년 비트코인의 폭락과 많은 ICO 프로젝트가 소리소문없이 사장된 것처럼 NFT도 시장 폭락에 따라 열기가 사그라지고 대부분의 프로젝트가 사라질 수도 있습니다.

그럼에도 지금 NFT에 관심을 가져야 하는 이유는 명확합니다. 2017년이 지난 2022년 오늘날에도 블록체인과 크립토는 살아남아 또 다른 미래를 그리고 있기 때문입니다. 당장 NFT가 겨울을 만나 유동성과 가격의 하락을 맛보더라도 어차피 서서히 발전하며 미래의 디지털 경제의 주춧돌 역할을 하게 될 것입니다. 지금부터 미래를 준비하지 않는다면 다음 장에서도 기회를 놓치는 과오가 반복될 것입니다.

Non-Fungible Token

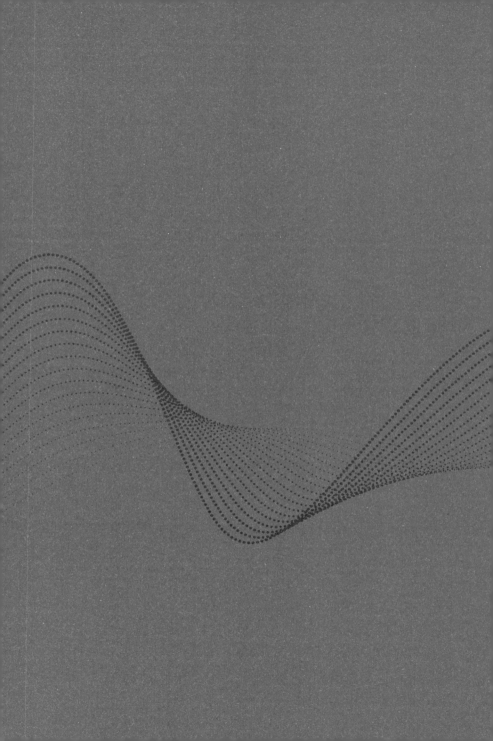

PART 4

모르면 당하는 NFT 법률 상식과 분쟁 사례들:

NFT 발행자, 투자자 모두를 위한 법률 가이드와 투자 시 주의할 점

한서희_법무법인 바른 변호사

법무법인 유한 바른에서 2011년부터 근무한 파트너 변호사다. 사법연수원 39기로 서울대학교 법과대학과 동대학원 공정거래법을 전공했다. 현재 바른 4차산업혁명대응팀 팀장으로 블록체인, 암호화폐, 인공지능(AI) 등과 관련된 업무를 하고 있다. 또한 마이데이터, 증권금융 전문가다. 그 밖에 한국블록체인협회 자문위원, 블록체인법학회 이사, 한국인공지능법학회 이사, 대한변호사협회 IT블록체인 특별위원회 위원, 부산 블록체인 규제자유특구 자문단으로 활동하고 있다.

NFT를 둘러싼
법률문제들

    NFT가 극초기 단계에 있다는 것은 이 책을 앞에서부터 천천히 읽은 분이라면 쉽게 이해하고 계실 것 같습니다. 어떤 산업이 발전하면서 그 성격과 정의가 명확해지는데 사실 NFT는 그러한 단계에 이르지 못한 부분도 많은 것이 사실입니다. 그래서 NFT 역시 딱 하나로 정의할 수 없는 측면이 있고, NFT와 관련된 법률문제들도 많이 발생하고 있습니다. 특히 NFT를 사는 사람이나 발행하는 사람, 그리고 마켓을 운영하는 사람들의 고민이 모두 다를 수 있다는 점을 생각해야 할 것 같습니다.

    우선 NFT를 둘러싼 문제는 무엇을 NFT로 만들어서 발행하고 판매하느냐에 따라 달라질 수 있습니다. 기존에 존재하는 실물(그 실물은 미술품인 경우가 많을 것입니다)을 디지털 파일로 변환해서 NFT로 민팅하는 경우, 디지털 음원 파일을 NFT로 민팅하는 경우, 스포츠 동영상 파일을 NFT로 민팅하는 경우 등 각각이 모두 다를 수 있습니다. 또 어떤 경우는 스니커즈를 NFT로 민팅하는 경우도 있습니다(하지만 이 경우는 스니커즈의 사진을 민팅해서 교환하는 것은 아니고 스니커즈 판매 수익 등을 나눠 주는 수단으로 NFT가 활용되는 것이겠지요).

이런 각각의 경우에 있어서 관련된 법률문제가 다 제각각입니다. 이제부터 한번 살펴보도록 하겠습니다.

NFT란 법적으로 무엇일까?

NFT에 대해서는 가상자산인지 아닌지, 그리고 증권 등 금융투자상품인지 아닌지에 대한 논란이 있습니다.

NFT는 가상자산일까?

우선 가상자산에 해당하는지 여부부터 보겠습니다. 여기서 명확한 답을 내릴 수는 없겠지만 하나씩 따져보도록 하겠습니다.

우선 현행 법률상 NFT를 가상자산으로 보기 위해서는 특정 금융거래정보의 보고 및 이용 등에 관한 법률('특정금융정보법')에서 가상자산을 무엇이라고 하는지 봐야 합니다.

특정금융정보법상 가상자산에 관한 규정은 다음과 같습니다.

[특정금융정보법 제2조]

3. "가상자산"이란 경제적 가치를 지닌 것으로서 전자적으로 거래 또는 이전될 수 있는 전자적 증표(그에 관한 일체의 권리를 포함한다)를 말한다. 다만, 다음 각 목의 어느 하나에 해당하는 것은 제외한다.

가. 화폐·재화·용역 등으로 교환될 수 없는 전자적 증표 또는 그 증표에 관한 정보로서 발행인이 사용처와 그 용도를 제한한 것

나. 「게임산업진흥에 관한 법률」 제32조 제1항 제7호에 따른 게임물의 이용을 통하여 획득한 유·무형의 결과물

다. 「전자금융거래법」 제2조 제14호에 따른 선불전자지급수단 및 같은 조 제15호에 따른 전자화폐

라. 「주식·사채 등의 전자등록에 관한 법률」 제2조 제4호에 따른 전자등록주식 등

마. 「전자어음의 발행 및 유통에 관한 법률」 제2조 제2호에 따른 전자어음

바. 「상법」 제862조에 따른 전자선하증권

사. 거래의 형태와 특성을 고려하여 대통령령으로 정하는 것

그렇다면 우리는 NFT가 "경제적 가치를 지닌 것으로서 전자적으로 거래 또는 이전될 수 있는 전자적 증표"에 해당하는지 봐야 하고 그다음으로는 가목부터 사목에서 규정하고 있는 예외조항에 해당하는지 봐야 합니다.

금융위원회는 지난 2021년 11월 23일 "NFT는 일반적으로 가상자산이 아니며, 다만 결제·투자 등의 수단으로 사용될 경우에는 해당될 수 있다"는 내용의 보도자료를 배포하였습니다. 여기서 금융위원회는 "NFT는 일반적으로 가상자산으로 규정하기 쉽지 않은 측면이 있으며, 개별 사안별로 봤을 때 일부 해당할 가능성이 있습니다. 현실에서 NFT는 다양한 양태로 발전하고 있어 일반화할 경우 불필요한 혼선을 줄 수 있으므로, 보도에 신중을 기하여 주시기 바랍니다"라고 발표하였습니다.

그러니까 금융위원회의 이러한 발표를 통해 확인할 수 있는 것은, ① NFT는 가상자산에 해당하는 것과 해당하지 않는 것이 혼재되어 있다, ② 특히 결제 수단이나 투자 수단으로 활용된다면 가상자산으로 보아야 할 가능성이 있다, 정도일 것입니다. 아직은 규제당국으로부터 명확하게 나온 것이 없으므로 일반인들이 무엇이 가상자산인지를 스스로 판단하기는 어려울 것이고, 따라서 사업자나 일반 투자자들을 위해 규제당국 차원에서 가이드라인을 발표하거나, 또는 가상자산업권법을 통해 규제할 가능성이 있습니다.

하지만 NFT가 게임 아이템(제2조 제3호 나목)으로 사용될 경우에는 가상자산에서는 제외될 가능성이 큽니다. 게임 아이템으로서 「게임산업진흥에 관한 법률」 제32조 제1항 제7호에 따른 게임물의 이용을 통해 획득한 유·무형의 결과물에 해당한다는 것은 결국 그것이 게임 안에서 활용된다는 것이고, 이러한 유형의 게임은 게임산업진흥법상의 게임 등급 분류 대상이 될 터입니다.

사실 중요한 것은 미술품 NFT라든가 콜렉터블에 대한 것일 텐데, 금융위원회의 설명만으로는 NFT의 성격을 규명하기가 어렵습니다. FATFFinancial Action Task Force라는 기구에서도 NFT에 대해 언급한 바 있습니다. 이 기구는 국제 자금세탁 방지를 위한 여러 가지 지침을 발표하는 곳으로, 여기서 내놓는 해석은 우리나라 금융위원회도 참고하는 권위 있는 해석입니다.

FATF는 2021년 10월 "Updated Guidance for a Risk-Based Approach to Virtual Assets and Virtual Asset Service Providers"를 통해 NFT에 대해 다음과 같이 언급했습니다.

Digital assets that are unique, rather than interchangeable, and that are in practice used as collectibles rather than as payment or investment instruments, can be referred to as a non-fungible tokens (NFT) or crypto-collectible.

Such assets, depending on their characteristics, are generally not considered to be VAs under the FATF definition.

However, it is important to consider the nature of the NFT and its function in practice and not what terminology or marketing terms are used.

디지털 자산 중에서 특이하고 유일무이한 것으로서 교환 대상이 되지 않는, 예를 들어 수집품과 같은 것을 NFT라고 하는데 이것은 FATF의 정의상 가상자산에 해당하지 않는다고 언급하고 있습니다. 그러나 이러한 NFT라 하더라도 용어와 상관없이 실질적으로 결제 용도로 활용되거나 금융투자상품이라면 가상자산으로 볼 수 있다고 하였습니다.

너무 복잡하다고 생각하실 수 있을 것 같습니다. 간단하게 정리하면, 현재로서는 분류 기준이 명확하지 않기 때문에 NFT가 가상자산에 해당한다고 하기는 어려울 듯합니다. 하지만 이러한 불확실성을 없애기 위해 규정을 만든다면 그때 일부의 NFT는 가상자산으로 분류될 가능성이 커 보입니다.

NFT는 증권일까?

여기에 대해서는 용어상 혼동이 존재할 수 있습니다. 내가 가지고 있던 오래된 사진을 민팅하거나, 디지털로 그림을 만들어서 민팅한 경우는 민팅된 NFT 자체의 고유한 가치가 있겠죠. 하지만 NFT 그 자체가 고유한 가치를 갖는 게 아니라 실제로 존재하는 다른 무엇에 대한 권리를 나타내는 수단이라면? NFT는 단순한 수집품 이상인 것은 확실하므로 이때 NFT를 무엇이라고 봐야 할지 의문이 생깁니다.

일반적으로 'Crypto-Collectibles'로서의 NFT는 엄연히 따져본다면 수집용이지, 투자용이라고 보기는 어려울 것입니다. 하지만 그 밖의 경우에는 단순한 수집용으로 볼 수 없는 경우도 있습니다. 대표적으로 생각할 수 있는 것이 그림을 별도로 보관하고 그림에 대한 NFT를 분할해서 판매하는 경우나 스니커즈 같은 물건을 별도로 보관하고 그 스니커즈에 대한 NFT를 분할해서 판매하는 경우입니다.

이와 관련해 금융당국의 명확한 입장은 아직 나오지 않았지만, 최근 미국 증권거래위원회Securities and Exchange Commission: SEC 헤스터 피어스Hester Peirce 위원은 미국의 증권 규제에 비추어볼 때 NFT가 분할되면 경우에 따라 NFT는 증권에 해당될 수 있다고 발언한 바 있습니다.

> "The whole concept of an NFT is supposed to be non-fungible [meaning that] in general, it's less likely to be a security," but if issuers decide to "sell fractional interests" in NFTs, "you better be careful that you're not creating something that's an investment product, that is a security."

따라서 어떤 그림이나 실물을 별도로 보관하고 그에 대한 소유권을 분할해서 판매하는 형태로 NFT를 발행하고 유통시킨다면 이때 NFT가 증권에 해당할 여지도 있는 것은 아닐지 면밀히 검토해볼 필요가 있습니다.

하지만 증권에 해당할지 여부는 구매자보다는 발행자나 유통을 하는 사업자 측면에서 더욱 유의해야 할 필요가 있어 보입니다. 왜냐하면 증권의 경우 50명 이상에게 발행해 판매하기 위해서는 증권신고서를 제출해야 하고, 아무나 마켓플레이스를 만들 수 없기 때문입니다(만약 권한이 없는 사람이 마켓플레이스를 조성한다면 무허가 시장개설 행위로 처벌받게 될 우려도 있습니다). 이러한 점을 유의해야 하기 때문에 특히나 발행자나 마켓플레이스 운영자 입장에서는 NFT가 증권에 해당하지 않는지에 대해 잘 검토해야 할 것입니다.

NFT 투자의 정석

NFT 보유자의 권리와 그와 관련된 법률 분쟁들

NFT는 가상자산인 경우, 증권 등 금융투자상품인 경우, 둘 다 아닌 경우 이렇게 세 가지로 분류가 가능해 보입니다. 그 분류 기준을 정해주는 것은 금융당국의 몫이 아닐까 생각하며 다음으로 넘어가 보겠습니다.

NFT와 저작권 침해

NFT를 구매한 사람은 대체 어떤 권리를 가지고 있는 걸까요?

최근에 있었던 일을 한번 상기해보면 좋겠습니다.

[사례 1]

모 종합광고대행사가 2021년 5월 말 이중섭, 김환기, 박수근 작가의 작품을 소장자와의 협의를 거쳐 NFT로 만들고 이를 경매로 판매하겠다고 밝힌 바 있었습니다. 그런데 이에 대해 저작권을 보유한 유족 및 재단 측에서 이러한 NFT를 판매하는 것은 저작권 침해 소지가 있다고 하면서 경매 자체에 반발하였고 그 경매가 결국 무산되었습니다.

또 다른 사례를 살펴보겠습니다.

[사례 2]

2021년 4월에는 데이스트롬Daystrom이라는 그룹이 장 미셸 바스키아 Jean-Michel Basquiat의 1986년 작품인 〈Free Comb with Pagoda〉에 연결된 NFT를 오픈씨에 발행했습니다. 이후 바스키아 작품에 대한 저작권을 보유하고 있는 바스키아 재단이 해당 작품에 대한 저작물 이용 허락을 하지 않았다는 사실이 알려졌습니다. 이후 데이스트롬은 NFT 발행을 철회하였습니다.

[사례 3]

NFT 마켓플레이스인 '논펀지블 페페NonFungiblePepe'에 페페를 패러디한 NFT 작품들이 게시되었습니다. 이 개구리 캐릭터의 원작자인 매트 퓨리는 저작권 침해 소지가 있다는 이유로 이러한 NFT 유통에 대한 중단을 요청했습니다. 하지만 이미 유통된 NFT는 회수를 하지 못했고 또 다른 NFT 마켓플레이스인 오픈씨에서는 이에 대한 판매를 중단했습니다.

이처럼 저작권 침해를 문제 삼는 사례들이 많이 있습니다. 원저작자의 동의 없이 NFT를 민팅한 경우에 흔히 발생할 수 있는 문제입니다. 그리고 이러한 문제는 미술품의 경우에 더욱더 명확하게 드러납니다.

왜 이런 일이 벌어진 것일까요? 한 개의 저작물에 대하여 두 가지 권리인 저작권과 소유권이 모두 존재하기 때문입니다.

그림을 NFT로 민팅하는 경우, 저작권과 소유권의 문제

누구에게 저작권과 소유권이 있을까?

우선 어떤 유명한 그림을 NFT로 만드는 과정을 생각해보겠습니다. 그리고 이때 생기는 법률문제들을 하나하나 살펴보도록 하겠습니다.

[사례 4]

A가 그림을 그립니다. A가 그림을 B에게 판매합니다. B가 그림을 디지털 파일로 변환하고 그림을 없앴다고 가정합니다. B는 이 디지털 파일

NFT 투자의 정석

> 을 C라는 마켓플레이스를 통해 민팅하고 C에 다시 게시했습니다. 그리
> 고 D에게 판매했습니다.

우선 그림을 A가 그렸을 당시 소유권과 저작권이 모두 A에게 있었습니다. 저작권은 창작자에게 부여되는 권리입니다. 인간의 사상과 감정을 표현한 물체를 저작물이라 하고 그것을 만든 사람은 저작권이라는 권리를 갖게 됩니다. 책을 쓴 작가는 책의 스토리와 구성, 그리고 문장에 대해 저작권을 갖지만 서점에서 책을 산 사람은 책에 대한 소유권을 갖게 되죠.

A가 그림을 B에게 판매했습니다. B는 별도로 저작권을 양도받지는 않았습니다. 그렇다면 A는 저작권자, B는 소유권자가 됩니다. B는 이때 소유권에 기한 권리, 즉 한정된 장소에서 전시할 권리를 갖게 됩니다(저작권법 제3조). 하지만 복제권이나 전송권, 2차적 저작물권을 갖지는 못합니다. 복제하고 배포하고 전송하는 권리는 여전히 저작권자인 A에게 있습니다.

B가 그림을 디지털 파일로 만들었습니다. A가 저작권자이기 때문에 B는 디지털 파일로 만드는 순간 복제권을 침해할 수 있습니다.

B가 마켓플레이스에서 민팅을 했습니다. 민팅은 자신이 만든 디지털 파일의 URI에 대한 링크를 거는 행위이므로 민팅만으로

는 저작권 침해 문제가 발생되지는 않습니다. 하지만 그다음에 NFT를 마켓플레이스에 게시하면 이 과정에서 디지털 파일이 노출되는데, 이는 저작권자의 전송권 등을 침해하는 것이 될 수 있습니다.

결국 마켓플레이스에 올리기 위해 민팅하고 디지털 파일로 만드는 과정에서 B는 A의 저작권을 침해하게 됩니다. 그리고 이러한 NFT를 구매한 D는 저작권 침해물을 매수하는 것이 됩니다. D는 B가 진정한 저작권자인 것으로 알고 NFT를 구매했더라도 이후에 A가 저작권 침해라고 주장했고 이러한 사실을 D도 알게 되었다면, 그 이후 D는 배포 목적으로 소지할 수 없고 저작권자에 대한 권리 침해 행위를 중지해야 하므로 마켓플레이스에서 재판매를 할 수 없게 됩니다. 그렇다면 NFT를 산 D는 손해를 보게 될 것입니다.

저작권 침해로 만들어진 NFT는 재판매 불가능해

B는 어떤 책임을 지게 될까요? 저작권 침해는 고의범만 처벌합니다. 자신이 어떠한 사유에서 저작권이 있는 것으로 오인할 소지가 있어 저작권 침해의 의도 없이 NFT를 민팅했다면 저작

권 침해죄의 책임을 지지 않습니다. 하지만 고의로 저작권이 없다는 사실을 알고도 NFT를 민팅해서 판매했다면 A에 대한 저작권 침해죄를 범한 것입니다. A는 B를 저작권 침해죄로 고소할 수도 있고, 민사소송을 제기해서 손해배상을 받을 수도 있을 것입니다.

마켓플레이스인 C는 어떤 책임을 질까요? 현재로서는 이 부분이 제일 모호한 부분입니다. C가 마켓플레이스 운영자의 경우라도 저작권법상 위조된 것인지, 아니면 저작권 침해물인지를 검증할 의무는 원칙적으로 부담하지 않습니다. 다만 저작권법상 온라인 서비스 제공업자라고 볼 수 있는 경우에는(중앙화된 마켓플레이스 등) 저작권 침해 사실을 알게 된 즉시 B에게 NFT 게시를 중단하도록 하고 전송을 금지해야 합니다.

다시 처음 예시로 들었던 이중섭, 김환기 작가 사례를 생각해 보겠습니다.

이 사례의 경우는 중간에서 NFT로 만들려던 회사는 소유자의 동의만 받고 이중섭 작가의 저작권자인 유족들의 동의는 받지 않았던 것 같습니다. 만일 종합광고대행사가 저작권자의 반발에도 불구하고 그림으로 NFT를 만들어서 경매를 진행했다면 저작권자의 저작권을 침해하는 결과를 초래했을 것입니다.

결론적으로 NFT는 소유자와 저작자 모두의 동의가 있어야 발행될 수 있고 정상적으로 유통될 수 있습니다. 그리고 저작권 침해물인 NFT를 보유한 최종 보유자는 아무런 권리를 행사할 수 없고 자신에게 저작권 침해물을 판매한 B에게 손해배상청구를 하거나 부당이득반환청구(또는 원상회복청구)를 함으로써 매수 당시 지급한 가상자산 또는 금전에 대한 반환청구권만을 행사할 수 있을 것입니다.

동영상을 NFT로 민팅하는 경우 저작권의 문제

직캠 영상을 민팅하면?

직캠(직접 촬영한 동영상) 영상을 찍어서 유튜브에 올리는 경우를 많이 보셨을 것입니다. 직캠 영상을 찍고 그 찍은 영상을 NFT로 민팅한 후에 마켓플레이스에 올려서 판매할 수 있을까요? 우선 답부터 말씀드리면 직캠 NFT는 저작권 침해 가능성이 있습니다.

먼저 우리가 애정하는 스타들의 영상은 누가 저작권을 갖게 될까요? 저작권법에서는 제66조부터 제77조까지 실연자의 권리에 대해 규정을 하고 있습니다. 실연자라 함은 실제로 공연을 한 사람입니다. 따라서 소위 스타, 연예인, 가수 등이 실연자에 해당합니다. 실연자는 공연 영상의 복제권과 전송권, 그리고 방송권

NFT 투자의 정석

을 갖습니다. 그런데 실제로 공연을 한 사람이 아니라 공연을 관람한 관람객이 영상을 촬영해서 전송하고 유튜브에 올린다면 복제권과 전송권, 방송권을 침해할 소지가 있습니다.

직캠 영상을 NFT로 만들어서 마켓플레이스에 올리는 것도 유튜브에 영상을 올리는 것과 유사합니다. 직캠 영상을 민팅하여 NFT를 마켓에 올리면 썸네일이 노출될 텐데 이 과정에서 복제권과 전송권이 침해될 수 있습니다. 특히 대부분의 방송연예계에 종사하시는 분들은 소속사와 계약을 체결할 때 이러한 실연자의 권리를 소속사에게 양도하거나 또는 행사 권한을 위임하기 때문에 소속사 권리를 침해할 소지가 있습니다. 결국 소속사가 NFT를 민팅해 판매하는 사람들을 상대로 저작권 침해에 대한 책임을 묻게 될 가능성이 있습니다.

운동 경기를 민팅하면?

세계적인 피겨 스타 김연아 선수의 피겨스케이팅 경기를 떠올려볼까요? 피겨스케이팅 경기 또한 인간의 창작적 요소가 반영된 연출과 연기라는 요소가 가미되어 있으므로 그 자체로 저작물에 해당할 가능성이 높습니다. 따라서 직캠 영상과 유사하게 김연아 선수의 경기 장면을 (방송 영상이 아니라) 직접 촬영해서 민팅한다면 직캠 영상과 동일한 문제가 생길 수 있습니다.

반면 농구나 축구는 어떠한가요? 구기 종목의 경우에는 사전에 짜인 각본이라는 것이 존재할 수 없는 경기입니다. 극적인 장면이 많이 연출되지만 그러함에도 운동 경기에서 경기하는 선수를 '실연자'라고 할 수는 없으므로 구기 종목 운동 경기 선수들에게 저작권법상 실연자의 권리는 인정되지 않습니다. 따라서 그냥 농구 경기를 관람 가서 찍은 영상을 민팅할 수는 있을 것입니다. 하지만 직접 찍은 영상이 아니라 방송된 영상을 민팅하면 이것은 영상을 제작한 방송사의 권리에 대한 침해가 성립합니다. 나아가 만일 경기 동영상 중에 선수 얼굴이 노출되거나 구단 로고가 노출된다면 이 역시 문제가 될 수 있습니다. 특히나 경기 동영상에 선수 얼굴이 노출된다면 민법상 초상권이 문제될 수도 있으니 이러한 점에 유의해야 할 것입니다.

나도 모르게
NFT를 빼앗겼다고?

NFT 피싱과 해킹 사례

NFT 자체를 탈취당하는 경우도 빈번하게 발생합니다. 여기서 탈취란 NFT를 메타마스크Meta Mask 등에 넣어두었는데 피싱이나 해킹을 당해서 나의 NFT를 모르는 사람에게 빼앗기게 되는 경우를 의미합니다. 대표적인 사례를 한번 들어보겠습니다.

[사례 5]

서희는 열린바다 마켓에서 무료 에어드롭 이벤트를 신청했습니다. 이벤트 신청을 위해 자신의 메타땡땡 지갑 주소를 입력했습니다.

어느 날 열린바다 히든에 들어갔더니 본인이 수집한 적 없는 NFT가 들어 있는 것을 발견했습니다. 사진을 클릭하고, 프로젝트팀을 확인했습니다. 아무리 생각해도 들어본 적 없는 프로젝트였습니다. 그런데 갑자기 매수 제안이 들어왔습니다. 그래서 서희는 '내가 사지도 않은 공짜 NFT를 팔 수 있다'는 생각에 너무 설렌 나머지 승인을 위해 개인키를 입력하였습니다.

그리고 이후 어느 날 메타마스크에 들어가 보니 서희의 LP 토큰과 모든 자산이 다 사라져 있었습니다.

서희는 갑자기 지갑을 털렸습니다. 왜 이런 일이 생겨난 것일까요? 무료로 받은 NFT를 승인하면서 개인키를 입력했는데, 이것 때문에 지갑이 해킹당한 것입니다. NFT 거래를 승인할 때는 개인키를 입력하지 않습니다. 그런데 개인키를 요구하는 창이 열렸다면, 이것은 내 개인키를 탈취해가기 위한 속임수일 가능성이 큽니다. 사례5에서 히든에 갑자기 들어와 있던 NFT는 트로이목마 같은 녀석인 것입니다. 따라서 절대 한 번도 본 적 없는 NFT가 내 히든에 들어와 있는 경우에 판매 승인 시 개인키를 입력하라는 메시지가 나온다면 피싱일 가능성이 큽니다.

이렇게 해킹을 당하면 NFT의 원래 보유자는 어떤 권리를 주장할 수 있을까요? 해킹된 NFT라는 것을 전혀 모르고 마켓플레이스에서 해킹범으로부터 NFT를 매수한 사람에게 원래 소유자는 NFT를 반환해달라고 요구할 수 있을까요?

해킹당한 내 NFT, 매수자에게 반환 요청할 수 있을까?

[사례 6]

A가 NFT를 탈중앙화된 마켓플레이스에서 구매하고 자신의 메타마스크에 전송해서 보관했습니다. 그런데 갑자기 메타마스크에 오류가 생겨서 재부팅해야 한다는 메시지가 나왔습니다. 그래서 그 메시지에 시드구문을 입력하고 재부팅을 했는데, 어느 날 다시 보니 메타마스크 속 가상자산이 한꺼번에 없어졌습니다. A는 한 달 뒤에 다시 이 NFT를 탈중앙화된 마켓플레이스에서 보게 되었습니다. 컨트랙트 주소를 살펴보니 아무래도 자신이 탈취당한 바로 그 NFT가 맞는 것입니다. 그런데 판매자는 'MONKEY'라는 ID를 갖고 있는 사람이었습니다.

사례는 A가 컨트랙트 주소를 통해 자신의 것이라고 확인할 수 있는 경우에만 국한된 사례입니다만, 충분히 생겨날 수 있는 경우이기도 합니다. 이 사례에서 A는 판매자인 MONKEY에게 NFT를 돌려달라는 주장을 할 수 있을까요?

결론부터 말씀을 드리면, MONKEY가 탈취된 NFT라는 것

을 전혀 모른 채 구매했다면(선의 평온 공연 무과실이라고 합니다) A
는 MONKEY에게 돌려달라고 주장할 수 없습니다. 이는 NFT가
소유권의 대상이라고 보기 어렵고, 소유권 대상이라고 하더라도
MONKEY의 점유 상태 그 자체로 MONKEY가 소유자로 추정
된다는 점 때문입니다.

NFT와 관련된
기타 분쟁들

모조품으로 NFT를 만든 경우

NFT를 구매했다고 생각하면 일반적으로는 진정상품(즉 위조품이 아닌 진짜 상품)일 것이라고 생각합니다. 하지만 NFT에는 정품 인증 기능이 있는 것은 아닙니다. 따라서 최초 민팅을 해서 발행하는 발행자가 민팅 시에 위조된 물품 내지 예술품을 민팅했다면, 이때 NFT는 모조품을 민팅한 것이기 때문에 그 자체로 위조된 상품이거나 위조된 미술품이 됩니다.

이 경우에는 NFT를 구매한 사람은 위조품을 구매한 것이기 때문에 발행자에게 책임을 물어야 할 것입니다. 발행자가 위조품이라는 사실을 알고 민팅했다면 구매자에 대한 사기죄가 성립합니다. 그러므로 구매자는 발행자를 사기죄로 고소할 수 있습니다. 만일 발행자도 위조품이라는 사실을 알지 못했다면(진정상품인 것으로 알고 민팅했다면) 이때 발행자에게 형사책임을 지게 할 수는 없을 것입니다. 이때 구매자는 계약을 취소하거나 해제함으로써 지불한 대금을 반환받아야 할 것입니다. 만일 발행자의 신원이 불분명해서 찾을 수 없다면 형사고소를 하거나 민사상 손해배상청구를 하기도 어려울 수 있으므로 탈중앙화된 NFT 거래소를 이용하시는 분들은 이러한 점에 유의할 필요가 있습니다.

이용자의 오인을 이용한 사기

[사례 7]

A는 이더리움 NFT 프로젝트 중에서도 유명한 몽키땡땡 프로젝트의 NFT와 고양이 프로젝트의 NFT를 수집하고 싶었습니다. 마침 이 프로젝트의 NFT가 발매된다고 합니다. 몽키땡땡에서는 파란색 원숭이를, 고양이 프로젝트에서는 분홍색 고양이 NFT를 발매한다고 합니다. 그래서 A는 '열린바다'에 들어갔습니다. 이름을 검색해서 찾았습니다. 보

니까 폴리땡이라는 체인에서 발행된 것과 이더땡을 기반으로 발행된 것 두 가지가 나와 있었습니다. A는 폴리땡과 이더땡이 다르다는 것을 몰랐습니다. 그래서 아무거나 사면 되는 줄 알고 폴리땡의 원숭이를 샀습니다.

A는 원래 이더리움 기반의 NFT 프로젝트의 NFT 시리즈 중 한 개를 사려고 했던 것 같습니다. 그런데 만일 다른 체인에서 발행된 NFT를 사면 이더리움 기반의 NFT와 동일할까요? 아닙니다. 기반이 되는 체인이 다르면 전혀 다른 NFT입니다. 이것은 1달러와 1리라가 같은 가치를 갖고 있지 않은 것이나 거의 유사합니다. 반 고흐가 그린 〈해바라기〉와 무명 작가가 〈해바라기〉 그림을 따라서 그린 그림이 전혀 다른 물건인 것과도 비슷합니다.

다시 말해 원래 프로젝트가 이더리움 기반으로 발행된 것이라면 다른 체인을 기반으로 해서 발행되었다는 NFT는 그 자체로 원래 프로젝트와는 아무런 관련이 없는, 말하자면 모조품 내지 유사품에 불과합니다. 따라서 A는 폴리땡 체인의 NFT를 판매한 판매자에게 속은 것입니다. 이러한 판매자는 의도적으로 다른 사람의 NFT를 모방해서 다른 체인에서 발행하고 오리지널 프로젝트의 NFT인 것처럼 속여서 A로부터 이더리움 또는 그에 상응하는 금전을 지급받았을 것이므로 판매자는 A에게 사기죄를 범했다고 볼 수 있습니다.

　이와 관련해서 주의할 점은 이용자들이 블록체인이 전부 호환 가능한 것으로 오인한다는 것입니다. 이더리움상에서 발행된 코인과 바이낸스 체인에서 발행된 코인은 전혀 다릅니다. 그래서 이더리움에서 발행된 코인을 바이낸스 체인에 전송하면 다시 복구하는 것은 기술적으로 불가능하거나 가능하더라도 고도의 기술과 비용을 투입해야 합니다. 이것은 A가 신한은행의 ○○○번 계좌에 보내야 하는 것을 국민은행 ○○○번(동일한 계좌 번호라면)으로 돈을 보낸 것과 동일합니다. 따라서 A는 제대로 된 목적지에 돈(코인)을 보내지 못한 것이고, 이것은 구매자인 A가 전적으로 책임을 부담해야 하는 문제라는 것을 항상 투자자 또는 이용자 분들은 명심하셔야 합니다.

NFT에 대한 권리가 소유권이 아니라니?

　「민법」 제211조에서는 "소유자는 법률의 범위 내에서 그 소유물을 사용, 수익, 처분할 권리가 있다"라고 규정하고 있습니다. 즉 소유권의 객체이기 위해서는 먼저 '소유물', 즉 물건이어야 하는데요, 이때 물건의 속성으로 ① 특정성 ② 현존성 ③ 독립성이 인정되어야 한다는 것이 법학계 다수설입니다.

갑자기 NFT 이야기에서 법학계 다수설까지 튀어나와 버리네요. NFT의 법적 성질이 아직 명확하게 규명되지 않았다는 것이 이런 문제 때문인데요. NFT는 사실 전자 파일 또는 데이터라고 볼 수 있고, 그렇다면 이것은 소유권의 대상이라고 보기는 어려운 점이 있습니다. 또한 IPFS_{Inter-Planetary File System}라는 분산 저장 시스템에 디지털 콘텐츠를 보관하는 방식의 경우에도 NFT 자체에 디지털 콘텐츠가 포함되는 것은 아니며, IPFS에 저장된 디지털 콘텐츠에 접근할 수 있는 IPFS 해시를 NFT에 연결하는 것에 불과하므로 NFT를 구매했다고 하여 디지털 콘텐츠 자체를 소유한다고 보기는 어려운 점이 있습니다.

하지만 NFT는 좀 특수하지 않냐는 반문이 가능합니다. 우선 NFT의 경우 단순한 파일이 아니기 때문이지요. 컨트랙트 주소 및 토큰 ID를 통해 소유자가 누구인지는 확인할 수 있습니다. 따라서 특정성이 존재한다고 볼 수 있습니다(물론 소유자의 신원을 확인할 수 있다는 것은 아니며, 특정한 토큰 ID와 컨트랙트 주소에서 NFT를 발행한 사람이 누구인지와 그 뒤 누군가에게 이전된 사실을 확인할 수 있다는 의미에서 '특정성'입니다).

블록체인 내에서 독립적으로 존재하고 게임회사나 발행사와 무관하게 이동이 가능하기 때문에 '독립성'이 있고, 또한 소유자의 지갑에 '현존'한다고 볼 수 있습니다. 하지만 이러한 특성에도 불구하고 아직까지 대다수 견해는 가상자산이나 데이터 집합체의 경우 민법상 배타적인 권리의 대상으로 보지 않고, 그렇기에 'NFT를 보유한다'는 것이 'NFT를 소유한다'는 말과 동의어로 보기는 어렵습니다. 소유를 할 수 없으니 소유권을 주장할 수 없고, 그래서 A는 현행 법률상 해킹 등 침해 발생한 경우 제3자에게 이전되더라도 반환청구는 불가능할 가능성이 매우 큽니다.

소유권의 보장이 안 된다는 것은 쉽게 말하면 제3자에게 내 권리를 주장하는 것이 상당히 어려워진다는 것을 의미합니다. 상황이 이러하기 때문에 우선 NFT 구매자들은 개인키 보안에 좀 더 신경을 쓰는 것이 중요합니다.

한편 마켓플레이스 운영자들은 이용자들에게 개인지갑 보안에 신경 쓸 것을 교육하고, 피해 사례를 소개할 필요가 있습니다. 또한 거래소 시스템상의 오류 및 해킹 가능성을 방지하기 위한 보안시스템을 잘 구축할 필요가 있을 것입니다.

NFT 투자의 정석

NFT 구매자와 발행자, 마켓플레이스가 주의할 점

지금까지 우리는 NFT의 법적 성질이나 분쟁 요소에 대해 살펴 보았습니다. 단순하게 이러한 점을 알아야 해서 나열한 것은 아 닙니다. 더 중요한 것은 투자자, 즉 NFT를 구매하시는 분과 마켓 플레이스를 발행하시는 분, 그리고 운영하시는 분들이 어떤 점을 주의해야 할 것인지 아닐까요. 한번 살펴보겠습니다.

NFT 구매자들을 위한 지침

NFT를 구매하시는 분들은 NFT가 적법한 소유권자로부터 판매된 것인지, NFT를 발행한 사람이 저작권을 보유하고 있는지 확인할 필요가 있습니다. 왜냐하면 법적으로는 원저작자의 동의를 받지 아니한 저작물을 NFT화시켜 이를 판매한 경우와 NFT화된 위작이 진품 또는 원본으로 판매되는 경우까지 사전적으로 방지할 수 있는 체계가 아직 마련되지 않았기 때문입니다. 이러한 저작권이나 소유권을 확인하기 어렵다면, 그래도 저작권 여부에 대해 검증한 뒤 판매하는 NFT 마켓플레이스인지 확인하시고 그러한 마켓플레이스를 이용하시는 편이 좋을 것 같습니다.

게시물을 올린 사람이 저작권을 적법하게 보유하고 있는지 어떻게 확인할 수 있을까요? 이용자가 직접 판매자의 SNS 계정을 방문하는 등 여러 가지 통로를 통해 판매자 및 프로젝트에 대한 검증을 사전에 해야 합니다. 그리고 만일 유명한 프로젝트의 NFT인데 너무 낮은 금액에 판매하려고 한다면 그 자체로 의심을 한번 해볼 필요가 있습니다.

또한 월렛의 키 관리에 주의를 기울이셔야 합니다. 월렛의 프라이빗키나 시드구문을 절대 제3자에게 알려주어서는 안 됩니다(기본 중의 기본입니다). 혹시 재입력 메시지가 뜨거나 갑자기 지갑 프로그램에 에러가 발생할 때는 피싱이 아닌지 의심할 필요도 있습니다. 그리고 텔레그램처럼 대화자의 신원을 추적하기 어려운 메신저를 통해 대화를 걸어오는 경우 월렛의 공개키와 프라이빗키, 시드구문을 절대 공개해서는 안 됩니다. 절대, 절대, 절대 안 됩니다. 가끔은 유튜브나 인스타그램 등을 통해 어떤 곳으로 NFT나 가상자산을 보내주면 에어드롭을 해주겠다는 등의 유혹을 하기도 합니다. 해외 매체의 경우 계정 ID를 추적해 신원을 확인하기 매우 어려우니 함부로 자산을 보내는 일을 해서는 안 됩니다.

NFT 발행자를 위한 지침

NFT를 발행하시는 분들은 디지털 파일을 가지고 NFT를 발행(민팅)하게 될 것입니다. 만일 대상이 미술품이라면 미술품 소유자의 동의뿐만 아니라 저작권자의 동의도 받아야 합니다. 만일 소유권자의 동의만 받아서 NFT를 발행한다면 문제가 될 수 있습니다. 원칙적으로 저작권은 소유자가 사망한 후 70년이 지나면 소멸됩니다. 이러한 점을 확인하실 필요가 있습니다. 문화재의 경우에는 문화재를 찍은 사진을 NFT로 만들 수 있을 텐데요,

사진의 저작권자가 누구인지 확인할 필요가 있어 보입니다.

동영상 파일이나 음원 파일을 NFT로 만들어 판매할 경우 저작권자, 저작인접권자가 있는지 확인하고 각각의 권리를 침해하지 않도록 그들과 사전 계약을 체결한 후에 NFT를 발행하도록 하여야 합니다.

발행하는 NFT의 수량이나 용도에 대해서도 주의를 기울일 필요가 있습니다. 우선 미술품을 분할하는 형태의 NFT는 법적 성격이 모호합니다. 금융상품으로서 규제를 받을 수도 있습니다. 또한 NFT를 플랫폼에서의 결제 용도로 활용하는 경우도 역시 문제가 될 수 있습니다. 한정판의 수집품 개념으로 발행하는 것이 법적으로 가장 안전합니다.

NFT 마켓플레이스 운영자를 위한 지침

중앙화된 마켓플레이스라면 운영하는 사업자는 저작권법상 온라인 서비스 제공자로 볼 여지도 있는데요(저작권법 제102호). 이 경우라면 서비스를 제공하는 사업자는 저작권 침해물이 게시된 사실을 알게 된 경우, 즉시 침해물을 게시한 사람에게 판매나 게시 등의 행위를 하지 못하도록 해야 할 것입니다.

그리고 운영자가 위법한 행위를 한 사람에 대해 즉시 이용 중지 조치를 취할 수 있도록 이용약관상에 '저작권 침해 행위를 한 사람의 게시물은 즉시 삭제 조치된다는 점', '이용자가 저작권 침해 행위를 하면 즉시 이용을 중지시킨다는 점'을 명시하여야 할 것입니다.

　위와 같은 사전 조치를 이행했다면 온라인 서비스 제공자는 자신의 서비스 안에서 침해 행위가 일어나는지를 상시 모니터링하거나 그 침해 행위에 관하여 적극적으로 조사해야 하는 것은 아닙니다.

　또한 마켓플레이스는 운영 형태에 따라 전자상거래 등에서의 소비자 보호에 관한 법률에서 규제하고 있는 통신판매업자 내지 통신판매중개업자(예를 들면 오픈마켓)에 해당할 수 있습니다. 마켓플레이스 운영자는 자신의 운영 형태를 파악해서 직접 판매 형태라면 통신판매업자로서의 의무를 잘 이행해야 하고, 오픈마켓 형태라면 통신판매중개업자로서의 의무를 잘 이행해야 할 것입니다.

　마지막으로는 자신이 판매하는 NFT가 증권에 해당하지 않도록 NFT 형태에 대해 주의를 기울일 필요가 있습니다.

새로운 부의 패러다임 속, 나만의 NFT 코인 옥석 고르는 법

신봉구_메타버스 게임 '더샌드박스' 공식 NFT 크리에이터

상장사 포함 IT회사에서 20여 년간 게임 제작과 서비스 개발 일을 해왔다. 정보통신부 장관상을 수상한 바 있으며, 한국콘텐츠진흥원 CT 기술 인력으로 일하였다. 현재 클래스101을 비롯한 온라인 강연 플랫폼에서 NFT와 메타버스 관련 강의를 하고 있으며, 메타버스 게임 '더샌드박스' 공식 NFT 크리에이터를 겸임하고 있다. 저서로 국내 최초의 NFT 전자책 《마지막 사다리 제2의 비트코인 NFT 만들기》가 있다.

IT 계열에서 20여 년간 일을 해오면서 지금과 같은 대격변의 시대를 전례 없이 처음 겪고 있습니다. 요즘 미디어를 통해 '메타버스', 'NFT' 등의 단어가 여러 번 노출되고 있는 것을 보며 틀림없이 무엇인가 크게 변하고 있고, 그것은 곧 '기회'로 다가오고 있음을 느낍니다. 또 여기에 편승하지 못한다면 부의 기회를 놓칠 수도 있겠다는 막연한 불안감이 느껴지기도 합니다.

이렇게도 좋은 변화의 기회 앞에서 여러분에게 실질적인 도움을 드리고자, 제가 그동안 터득한 노하우를 바탕으로 투자 포지셔닝을 찾는 방법과 투자 대상의 옥석을 가리는 일련의 방법을 공유하고자 합니다.

NFT로 돈을 벌 수 있는 방법은 아래와 같이 크게 네 가지가 있습니다.

- NFT 작품을 직접 만들어 파는 방법
- NFT 작품에 투자하는 방법
- NFT 관련주에 투자하는 방법
- NFT 코인에 투자하는 방법

자신에게 미술적 재능이 있다면 직접 작품을 만들어 팔거나, 인문학적 소양이 있다면 자신의 안목에 따라 작품에 투자하는 방법이 유용할 것입니다. 그러나 대부분의 일반인은 그렇지 못하기에 NFT 관련주 투자나, NFT 코인에 관심을 갖게 될 것입니다. 관련주 투자는 잠시 주식의 영역에 넣어두고, 'NFT 코인' 투자에 대한 현황과 그 옥석을 가리는 내용을 풀어보고자 합니다.

스치기만 해도 오르는 NFT 코인?

개인적으로 가상화폐를 아래와 같이 크게 세 가지로 분류하고 있습니다.

- 비트코인 그 자체
- 밈 코인
- 기능성 코인

여기서 밈Meme 코인이란, 종종 회자되고 있는 '도지코인'류를 말하는데 잠깐 지나가는 유행성 코인입니다. 기능성 코인이란, 우리가 주목해야 할 NFT와 관련된 재화의 소유자를 증명해주는 수단에 쓰이는 코인을 말합니다. 잘 알려져 있는 '이더리움'이나 그 외 NFT 게임 코인 등을 말합니다. 화폐와 같은 가치를 지니면서도 블록체인 기술로 디지털 재화의 소유권 속성 정보를 담아내는 기능과 연관된 코인입니다. 지금 가장 주목받고 있는 코인 카테고리이기도 합니다.

'NFT는 스치기만 해도 오른다'는 말이 있습니다. 이 이야기에 해당하는 가장 밀접한 사례가 바로 'NFT 코인'입니다. 주식 투자 대비 코인 투자는 변동성과 위험성이 큰 만큼 단기간 고수익을 노려볼 수 있습니다. 단, 큰 손실에도 유의해야 하며, 그 책임은

NFT 투자의 정석

투자자 본인에게 있습니다. 연일 신고가로 요동치고 있는 NFT 코인이 왜 주목을 받고 있고, 어디에 쓰이는 코인이며, 좋은 코인을 가려내는 방법까지 알고 있어야 장기적인 안목에서 본인이 투자할 코인을 가려내는 데 도움이 될 것입니다.

NFT 코인은 P2EPlay to Earn, 돈 버는 게임이 유행처럼 번지면서 주목을 받게 됩니다. 과거에는 돈을 지불하며 게임을 즐겼지만, 지금은 게임을 즐기면서 돈을 버는 시대가 된 것입니다. 외국에서는 '엑시인피니티Axie Infinity' 게임으로 이미 P2E가 활성화되었고 얼마 전 국내에서도 위메이드사 제공 '미르 4'로 크게 관심을 받았습니다. 이외에도 컴투스홀딩스(전 게임빌)에서 본격적인 P2E 게임으로 대전환 사업 계획을 밝혔고, 엔터계에서도 발 빠르게 NFT 관련 사업 진출을 선언했습니다. 이러한 관련주들은 대장주로 지목되어 좋은 그래프를 보이고 있습니다.

창작자와 플레이어의 일터이자 놀이터: P2E 게임 생태계의 확장

메타버스를 포함한 NFT 게임 코인을 이해하기 위해서는 P2E 게임 생태계를 이해해야 합니다. 게임 시스템이 선순환되기 위해서는 다음과 같은 큰 영역이 서로 영향을 주며 순환하게 됩니다.

• **랜드**: 코인으로 랜드를 구입하고 코인으로 임대료를 받습니다.

- **게임메이커**: 제공되는 툴로 게임을 만들고 랜드를 임대받아 게임을 서비스합니다. 게임 이용료는 코인으로 받습니다.
- **크리에이터**: 제공되는 툴로 캐릭터, 아이템 등을 만들어 게임메이커와 플레이어 등에게 팔고 코인을 받습니다.
- **플레이어**: 코인을 지불하고 게임을 플레이하며, 게임 내에서 코인을 벌기도 합니다.

게임마다 시스템은 다르며, 위의 시스템은 가장 볼륨이 큰 게임에 해당됩니다. 이러한 경제 순환에서 게임 내 코인이 필요하게 되며, P2E 게임사마다 자체 코인을 발행하고 거래소에 상장하게 됩니다. 그 코인들이 바로 디센트럴랜드MANA, 샌드박스SAND, 위믹스WEMIX, 플레이댑PLA, 엔진코인ENJ 등입니다. 언급된 코인들은 이미 크게 오른 형태를 보이고 있는데, 그중에는 아직 정식 게임 서비스를 앞두고 있는 것도 있어서 앞으로의 상승 여력이 충분히 있습니다.

여담으로 국산 중고차를 4000만 원에 팔아서 NFT 코인에 투자하고 30억 원을 벌었다는 기사가 소개되기도 했고, 이른바 '코인 떡상'으로 유명했던 국내 유명 대기업 직원의 일화가 있기도 했는데, 그분이 NFT 코인에 집중하고 있다는 얘기도 업계에서 나오고 있습니다. 이러한 일련의 상황들로 발 빠른 투자자라면

NFT 투자의 정석

부동산에서 주식으로, 주식에서 코인으로, 그것도 NFT 코인으로 옮겨 타고 있다는 것을 확인할 수 있습니다.

이제 막 태동된 NFT 코인, 신중한 접근과 콘텐츠를 보는 혜안 필요해

남들이 사니까 나도 산다는 식의 투자는 매우 위험합니다. 코인의 쓰임새와 서비스의 견고함과 그 지속성에 대해 면밀하게 살펴보고 투자에 임해야 안전한 투자를 보장받을 수 있습니다. P2E 게임들은 탈중앙화와 메타버스까지 포함한 개념을 표방하고 있는데, 진정한 탈중앙화 게임은 몇 개가 채 되지 않습니다. 쉽게 이야기를 해드리면 게임 서비스사가 서비스를 종료해버리면 내가 가지고 있는 아이템들이 공중분해되는 것입니다. 그래서 내 아이템이나 캐릭터 등을 NFT화해서 영원한 소유권을 보장하게 하는 것입니다.

또한 메타버스를 표방하고 있는 게임들에 대해서는 월드 안에 담길 콘텐츠의 양과 질을 측정해야 합니다. 메타버스의 광활한 월드를 건물이나 캐릭터 등으로 모두 채우기에 게임사 직원의 업무량으로는 턱없이 부족합니다. 그래서 유저들을 게임메이커나 크리에이터로 끌어들이고 코인으로 보상을 해주며 월드 내에 콘텐츠 생산을 장려하는 것입니다. 그렇기 때문에 '이렇게 순환되는 구조에서 과연 콘텐츠 수급과 그 질을 보장할 수 있을까?', '장기적인 계획으로 서비스 로드맵이 확고한가?', '외부 유명 명품사나 대기업, 엔터사 등과의 협업이 활발한가?' 등을 살펴봐야 합니다.

정리를 해보면 다음과 같습니다.

- 과거에 유사 서비스 경험이 있는가?
- 서비스 평판은 어떠한가?
- 진정한 탈중앙화 서비스인가?
- 경제 순환 시스템이 유연하고 견고한가?
- 풍부한 양과 질로 콘텐츠가 채워지고 있는가?
- 무한한 확장성과 자유도를 지녔는가?
- 유명 기업과의 협업이 활발한가?
- 장기 계획 로드맵이 있는가?
- 외부 투자 유치가 원활한가?
- 서비스의 완성도가 있는가?

그 외에도 투자를 하고자 한다면 그전에 직접 서비스에 가입을 하고 플레이를 해보기를 적극 권합니다. 물건도 안 보고 구입한다는 것은 말이 안 되기 때문입니다. NFT 테마로 겉보기에 좋은 껍질만 유지하고 상승 분위기를 타려는 서비스도 분명히 있습니다. 또는 정말 잘 만든 노력이 보이지만, 시스템이 유연하지 못하고 견고하지 못해서 콘텐츠가 빈약한 사례도 있습니다.

"소문난 잔치에 먹을 게 없다"라는 속담이 있듯이 아무리 첨단 서비스라 하더라도 그것을 이용하는 것은 사람입니다. 우리는 그 안에서 유희나 정보 등 무엇이든 얻어가기를 원하고 있습니다. 서비스의 방법이나 과정이 아무리 첨단 미래 기술로 바뀐다 하더라도 무엇보다 중요한 것은 콘텐츠입니다.

메타버스나 P2E 게임, NFT 코인의 성공 여부는 콘텐츠의 양과 질에 달려 있습니다. 그것을 채우는 사람들 또한 서비스에 참여하는 유저들이기 때문에 시스템 생태계가 중요하고 투자 전에 그것을 미리 살펴봐야 하는 것이 핵심입니다.

앞서 언급되는 NFT 코인 중에는 미래 성장 가능성이 농후한 몇 개가 있어 보이나 미래는 아무도 모르는 것이기 때문에 저는 모든 코인에 가능성을 열어두고 싶습니다. P2E 게임은 이제 태동기라 아무도 그 성공 포인트를 장담하지는 못합니다. 저는 그간 게임 제작과 서비스 부문에서 오랫동안 쌓아온 경험과 동물적인 감각으로 나름대로 미래를 예측해보며 뒤처지지 않게 저만의 준비를 하고 있습니다. 여러분도 자신만의 방법으로 예측하기 어려운 미래를 조금씩 내 것으로 만들었으면 합니다.

NFT는 놓쳐서는 안 되는 또 다른 기회

NFT 투자에 대한 동기 부여의 글을 끝으로 마무리하겠습니다.

우리는 부동산, 주식, 코인 등의 대격변 속에 환희와 후회, 미련을 겪어왔습니다. '부동산이 뜬다'고 하면 이미 정보에 빠른 일부 사람들만 수익을 맛보았고, 일반 서민들은 실거주 주택을 마련하기 위해 고점에서 대출을 무리하게 받아 부동산을 구입하게 됩니다. '코인이 뜬다'고 하면 이미 초기에 들어가 몇천 퍼센트의 수익을 인증샷으로까지 남긴, 이른바 '졸업'을 한 분들의 모습을 보며 땅을 치고 후회하기도 합니다. 이제는 부동산도, 주식도, 코인도 너무 비싸서 들어가지 못하는 상황이 되었습니다.

여기 남은 마지막 부의 사다리인 NFT가 있습니다. NFT 코인은 몇천 원대에서 만 원대로 아직 저렴합니다. NFT 코인은 그 쓰임새가 분명하기 때문에 단순한 유행이나 거품이 아니라고 확신합니다. 메타버스는 단지 환경일 뿐, 그 안에서 돈이 되는 것은 NFT입니다. '이번 생은 망했어도', 제2의 생은 메타버스와 NFT를 통해 기회를 잡을 수 있습니다. 지금 이 기회를 놓친다면 내일도, 오늘 같은 삶을 살게 될 것입니다. 부디 여러분도 부자가 되기를 기원합니다. 움직이지 않는다면 바뀌는 것은 아무것도 없습니다.

지금 NFT는 더 빠르게, 더 역동적으로 세상을 변화시키고 있다!

윤수목_오픈다오 멀티시그 서명자, 유튜브 '생존투자 윤수목' 크리에이터

기업은행 프랍트레이더, 삼성자산운용 포트폴리오 매니저 등 10여 년간 투자 전문가로서 자본시장 최전선에서 뛰었다. 이후 블록체인 사업을 전개하며, 가상자산 투자 및 NFT 트레이더로서 활발히 활동하고 있다. 최근 탈중앙화 자율조직인 오픈다오 OpenDAO의 멀티시그 서명자 9인 중 유일한 한국인으로 선출되었다. 또한 '생존투자 윤수목' 유튜브 채널을 운영하며 자본시장에서 살아남기 위해 반드시 알아야 하는 생존 지식과 기술을 전수하고 있으며, 온·오프라인에서 가상자산 투자에 대한 강연을 통해 대중들과 소통하고 있다.

은행, 증권사의 프랍트레이더, 대형 사모펀드의 포트폴리오 매니저로 자본시장 최전방에 참여해왔던 제가, 다른 세상으로 눈을 돌리게 된 최초의 계기는 2016년 3월에 있었던 '구글 딥마인드 챌린지', 알파고와 이세돌 9단의 바둑 대전이었습니다. 알파고는, 구글의 자회사인 딥마인드에서 개발한 AI 기사였죠. 당대 최고의 바둑 기사였던 이세돌은 힘겹게 1승을 따냈으나, 패배했습니다. 그리고 그 1승은 '인류가 AI에게 거둔 마지막 승리'라고 부르게 되었습니다.

저는 당시 그 장면을 보며, 머리통을 한 대 강하게 얻어맞은 느낌을 받았습니다. '시간의 문제이지 모든 분야에서 이와 같은 추월이 발생하겠구나. 앞으로 금융산업은 어떻게 바뀔까?' 이러한 질문에서 시작된 미래에 대한 고찰은 블록체인과 비트코인을 발견하며 그 실마리를 찾았고, 이후 저는 자본시장에서 10여 년간 쌓아왔던 얄팍한 기득권을 내려놓고 창업에 도전하게 되었습니다.

그러나 정작 최근에 저를 매료시키고 있는 것은 NFT입니다. 우리가 바라보고 있는 웹3.0, 오픈 메타버스는 블록체인상에서 펼쳐지는 디지털 세상인데, 이 공간의 사물들은 우리가 흔히 코인이라고 부르는 크립토에셋Cryptoasset(즉 Fungible Token)을 제외한 모든 것이 NFT로 구성될 것이기 때문입니다.

PFP(프로필 형태 디지털아트), 가장 매력적인 NFT가 되다

이렇게 NFT가 중요함에도 지난 10년간 대중의 관심 밖에 있었습니다. 대퍼랩스Dapper Labs가 2017년에 제작한 크립토키티 CryptoKitties가 잠시나마 주목받았을 뿐이었죠. 그러나 코로나 19는 디지털 공간에서의 활동을 크게 증가시키며 미래를 조금 앞당겨 경험하게 만드는 촉매제가 되었습니다. 소셜미디어 공간에서의 소통이 활성화되며 PFPPicture for Profile(프로필 형태의 디지털 아트)의 실질적인 활용도가 피부에 와 닿을 정도로 늘어났고, 그 커뮤니티는 더욱 끈끈해졌습니다. 메타버스 부동산에 대한 관심이 증대된 것도 이 시기와 맞닿아 있습니다.

아마도 올해 내로 일부 소셜미디어들은 메타마스크와 같은 블록체인 기반의 지갑을 연결하는 것을 지원하며 NFT를 '실질적인' 프로필로 사용할 수 있도록 할 것입니다. 이렇게 되면 '그냥 사진을 캡처해서 쓰는 것과 NFT를 구매하는 것이 뭐가 다르냐?'는 질문은 더 이상 나오지 않겠죠. NFT인 경우 인증된 NFT라는 것이 별도로 표시될 테니까요.

다양한 종류의 NFT 중에서, 특히 PFP가 인기 있는 이유는, 프로필 사진으로 쓸 수 있어 활용 빈도가 높은 실용성 측면도 있지만 투자 대상으로도 매력이 있기 때문입니다. 왜 PFP가 특별히 더 투자 대상으로 매력적일까요? 그 이유는 두 가지입니다.

첫째, NFT가 가지는 치명적 약점인 유동성 문제를 보완해줍니다. NFT는 그 이름에서 말하듯 대체 불가능 토큰이기에 각각의 NFT는 세상에 하나씩만 존재합니다. 이 특징은 투자 대상으로는 약점이기도 합니다. 세상에 하나밖에 없다는 것은 극도의 경쟁적 선호의 대상이 될 수도 있지만, 관심받지 못한다면 누구도 거래 의사가 없는 외면의 대상이 될 수도 있기 때문입니다. 즉 '내가 원할 때 팔기가 힘들다, 유동성이 낮다, 혹은 거래 가능성이 낮다'는 것이죠. 반면 PFP는 랜덤하게 조합된 대략 1만 가지의 이미지로 구성하여 하나의 집합collection으로 공개됩니다. 즉 개별 PFP 하나하나는 유니크하지만, 유사한 것이 1만 가지 있다면 대체 용이성이 확보되는 것입니다. 이는 서로 다른 유니크함이 있지만 1만여 개의 유사성 또한 있기에 서로 간의 대체 가능성을 확보하여 유동성이 높아지고 거래가 활성화됩니다.

둘째, PFP는 '집합'으로 공개되기 때문에 동일한 PFP를 보유한 홀더 간의 커뮤니티가 형성됩니다. 커뮤니티는 필연적으로 내러티브narrative를 내포합니다. 커뮤니티 구성원인 홀더들 간의 커뮤니케이션이 있고, 그 상호작용을 통해 이벤트를 만들 수 있습니다. 구체적인 예로, 특정 PFP의 홀더들끼리 트위터를 맞팔로우하고, 그들끼리 중요한 정보가 공유되기도 합니다. 또한 특정 물리 공간(회원제 레스토랑, 멤버십 파티 등)에 출입할 수 있는 권한을 얻기도 하고, 특정 프로젝트와 연계하여 에어드롭(토큰의 무상 제공 행사)을 받기도 합니다. 이러한 커뮤니티가 만들어내는 내러티브는 NFT의 실질적인 가치를 향상시키는 요인이 됩니다. 가치평가 분야의 최고의 석학으로 알려진 애스워드 다모다란Aswath Damodaran 뉴욕대학 교수는 그의 저서 《내러티브&넘버스》에서 내러티브는 숫자만큼이나 가치평가에서 중요한 역할을 한다는 것을 강조하였습니다.

크리에이터와 콜렉터의 권익을 향상시키는 마켓플레이스 화제

최근에는 NFT가 거래되는 마켓플레이스도 화제의 한 축이 되고 있습니다. 오픈씨OpenSea는 세계 최대 NFT 마켓플레이스이며, 전체 거래대금의 90%에 육박할 정도로 압도적인 시장 지배력을 가지고 있습니다. NFT의 거래량은 폭발하고, 이 거래가 한 플랫폼에서 주로 거래가 되다 보니 오픈씨는 창업 만 4년이라는 짧은 기간에 130억 달러(약 15조 원)의 높은 가치로 평가를 받는 기업이 되었습니다.

그런데 한편으로 NFT 마켓플레이스를 이용하는 크리에이터와 콜렉터들 사이에서는 오픈씨가 부과하는 높은 플랫폼 비용service fee에 대한 부담과 특정 NFT를 임의로 삭제하는 중앙화된 사업 운영 방식, NFT가 공식으로 공개되기 전에 내부자가 사전 구매하는 사건 등 일련의 문제들로 반감이 형성되고 있는 상황입니다.

이 와중에, NFT 크리에이터와 콜렉터들의 권익을 향상시키고자 만들어진 다오DAO: Decentralized Autonomous Organization(탈중앙화 자율조직)가 바로 오픈다오OpenDAO입니다. 이러한 조직의 목표는 보다 나은 NFT 환경, 즉 보다 나은 디지털 세상을 만드는 것입니다. 그래서 수수료를 줄이고, 함께 이용하는 마켓플레이스의 권력을 분산하고, 신진 아티스트들이 보다 쉽게 데뷔할 수 있게 하는 등의 다양한 노력을 기울이고 있습니다. 재미있는 것은 이러한 '다오'라는 조직은 개인의 자율에 따라 하루 한 시간이든 다섯 시간이든 자율적으로 일하고 움직인다는 것입니다. 물론 핵심 운영진은 다오에서 보유한 거버넌스 토큰($SOS)의 비중에 따른 투표를 통해 합의한 내용에 근거하여 거버넌스 토큰을 보상으로 지급하기도 합니다.

오픈다오 외에도 탈중앙화 NFT 마켓플레이스 X.xyz라는 곳도 있고, 보다 낮은 거래 수수료와 거래 실적에 비례한 보상으로 거버넌스 토큰($LOOKS)을 지급하는 룩스레어LooksRare라는 NFT 마켓플레이스도 급부상하고 있습니다.

현재의 NFT 시장은 거품 논란이 있음에도 불구하고 아직은 극초기 단계로 보입니다. 왜냐하면 우리가 지금 경험하고 있는 디지털 세상의 아주아주 일부만이 NFT 형태로 존재하기 때문입니다. 미래의 기회를 얻고자 하는 분이라면 NFT를 반드시 주목하세요. 이 세상에는 에너지 넘치는 역동성이 있고, 가슴 설레는 성장이 있습니다. 도전과 성장은 우리 인류를 번영케 합니다.

NFT는 디지털 세상에서 아날로그적 가치와 서사에 투자하는 것이다

　제가 중고등학교 시절에 좋아했던 뮤지션은 밴드 넥스트의 보컬이자 작사·작곡자이며, 엔지니어이자 프로듀서였던 고(故) 신해철이었습니다. 1988년 대학가요제에 출전해 무한궤도라는 밴드에서 〈그대에게〉라는 노래로 대상을 수상한 이후 신해철 솔로, 넥스트 밴드 앨범과 그 밖에 수많은 작품을 카세트테이프와 CD로 구매해 들었던 경험과 기억이 생생합니다. 지금은 스포티파이를 구독해 실시간 스트리밍으로 신해철과 넥스트의 음악을 듣습니다.

　최근에 유튜브에서 신해철의 마지막 인터뷰를 듣게 되면서,* 저는 NFT의 의미에 대한 힌트를 얻을 수 있었습니다. 그에 따르면 20세기 대중음악의 시대는, 1970년대 진공관과 턴테이블에서 LP판으로 음악을 듣던 시기에서, 1980년대 트랜지스터 라디오와

---

* 〈마왕 신해철의 마지막 인터뷰(풀버전)〉, 유튜브.

카세트로 음악을 듣던 시기로, 그리고 1990년대 이후 CD플레이어와 MP3로 음악을 듣던 시대로 구분됩니다.

1970년대 진공관과 턴테이블에 LP를 올려 음악을 듣기 위해서는 집중과 겸허가 필요했다고 합니다. 특별한 장소와 시간, 그리고 LP판을 세밀하게 다루는 노력이 필요했던 시기였기 때문입니다. 특히 LP판에 스크래치가 나면 그 LP는 자기의 개인적인 경험을 가지게 된 유니크한 아이템이 되었다고 합니다(마치 NFT를 내다본 듯 설명하는 그의 말에 너무나 놀랐습니다). 그는 1970년대가 대중음악의 황금기였고, 마법 같은 시대였다고 회상합니다. 아마도 음악을 듣고 LP판을 다루는 경험이 소중했기 때문일 것입니다.

1980년대에 트랜지스터 라디오와 카세트로 음악을 듣게 된 시기의 미덕은 음악을 휴대할 수 있게 되었다는 사실이었습니다. 바로 음악을 자기가 듣고 싶을 때, 원하는 곳에서 들을 수 있게 되면서 대중음악이 폭발적으로 확산되는 계기가 되었습니다. 그리고 1990년대 이후에 이런 경향은 더욱 가속화되었는데, CD와 MP3로 음악을 듣게 되는 시대로 빠르게 접어들었기 때문입니다. MP3플레이어는 라디오와 카세트플레이어, CD플레이어보다 휴대하기 편했고, 음원은 디지털 파일의 형태로 전환되었습니다. 그리고 2000년으로부터 20여 년이 지난 지금, 우리는 스마트폰에서 스트리밍 형식으로 대중음악을 소비하는 시대가 되었습니다.

이제는 어떠한 경계 없이 전 세계에서 발표되는 음악을 실시간으로 편리하게 들을 수 있게 된 것입니다.

신해철은 이 인터뷰를 통해 매우 흥미로운 시선을 제시하는데, 바로 1980년대 이후 트랜지스터 라디오 카세트테이프, CD의 시기부터 대중음악 관련 아티스트들의 위축이 시작되었다는 것입니다. 그 이유는 여러 가지 이유가 있겠지만 LP에서 카세트테이프와 CD로 앨범의 사이즈가 줄어들면서 뮤지션과 아티스트들의 자아가 비례하여 작아졌다고 말합니다. LP의 앨범 자켓은 아티스트들이 자신의 음악이 원하는 바를 그림과 사진으로 실어 보여줄 수 있는 독립 공간이었는데, 그 크기가 카세트테이프와 CD 앨범 자켓만큼 작아졌고, MP3 시대부터는 아예 그런 표현의 공간 자체가 소멸되었다고 평가합니다. 한국 대중음악의 한 획을 긋고, 지금까지도 저에게 가장 특별한 노래와 가사를 선사한 신해철이 말하는 대중음악의 역사와 아티스트들에 관한 관점은 매우 인상적이었습니다. 우리는 너무나 편리해진 디지털, 모빌리티 세상에 살고 있습니다. 그러나 한편으로는 창작자들의 열정과 다양성, 그리고 개인의 자아와 정체성의 위기를 맞고 있는 것 같기도 합니다. 사실 창업과 비즈니스도 어찌 보면 창작과 열정, 다양성, 자아, 정체성이 매우 중요한 영역이 아닐까 합니다.

한편 신해철과 넥스트의 앨범은 제 청소년기에 중요한 재산 목록 중 하나였습니다. 용돈을 절약해 사야 할 것 중 우선적인 대상임에 분명했습니다. 그리고 친구들끼리 서로 빌려 듣기고 하고, 이어폰을 하나씩 나눠 끼고 둘이서만 들었던 기억도 납니다. 그랬던 저의 기억은 대체 불가능한 경험과 가치를 제공했던 것은 아닐까 하는 생각이 들었습니다. 과연 앞으로 닥칠 우리의 미래는 어떤 모습일까요? NFT라는 새로운 기술과 금융으로 창작자들이 자신의 작품에 정체성과 서사를 담고, 사용자들의 공감대를 형성해 서로에게 대체 불가능한 경험과 가치를 제공할 수 있지 않을까요? 그렇다면 'NFT는 디지털 세상에서 아날로그적 가치와 서사에 창조하고 투자하는 역할이 아닐까?' 하는 기대를 해봅니다. 바로 디지털과 가상·메타버스 세상에서 인간의 생각과 경험의 발생, 그리고 교류에 투자하는 것 말입니다.

임동민

NFT 투자의 정석

1판 1쇄 발행   2022년 2월 11일
1판 2쇄 발행   2022년 2월 15일

지은이 유민호, 임동민, 아곤, 한서희
특별 기고 신봉구, 윤수목
펴낸이 김기옥

경제경영팀장 모민원   기획 편집 변호이, 박지선
커뮤니케이션 플래너 박진모
경영지원 고광현, 임민진
제작 김형식

표지 디자인 투에스디자인   본문 디자인 제이알컴
인쇄 · 제본 민언프린텍

펴낸곳 한스미디어(한즈미디어(주))
주소 121-839 서울시 마포구 양화로 11길 13(서교동, 강원빌딩 5층)
전화 02-707-0337 | 팩스 02-707-0198 | 홈페이지 www.hansmedia.com
출판신고번호 제 313-2003-227호 | 신고일자 2003년 6월 25일

ISBN 979-11-6007-777-3   13320